Exercícios Abdominais

Estratégias × Resultados

Dados Internacionais de Catalogação na Publicação (CIP)
(Câmara Brasileira do Livro, SP, Brasil)

Domingues Filho, Luiz Antônio
   Exercícios abdominais: estratégias × resultados /
Luiz Antônio Domingues Filho. – 5ª ed. revista e ampliada –
São Paulo: Ícone, 2015.

   Bibliografia.
   ISBN 978-85-274-0964-3

   1. Aptidão física 2. Exercícios abdominais
3. Exercícios físicos I. Título.

00-1115   CDD-613.71

Índices para catálogo sistemático:

1. Exercícios abdominais: Educação física   613.71

Organizador
Luiz Antônio Domingues Filho

Exercícios Abdominais

Estratégias × Resultados

5ª edição
Revista e Ampliada

Brasil – 2015

Ícone
editora

Capa e diagramação
Richard Veiga

Revisão
Juliana Biggi

Fotografias
Sérgio Luiz e Márcia Correa

Modelos
Fátima Prata
Taís Massini Rodrigues
Patrícia Alvarez Canella
Miguel Fernandes Barbosa
Luiz Antônio Domingues Filho

Todos os direitos reservados pela
ÍCONE EDITORA LTDA.
Rua Anhanguera, 56 – Barra Funda
CEP 01135-000 – São Paulo – SP
Tels./Fax.: (011) 3392-7771
www.iconeeditora.com.br
e-mail: iconevendas@iconeeditora.com.br

Organizador

LUIZ ANTÔNIO DOMINGUES FILHO

- É formado em Educação Física pela Universidade Federal do Mato Grosso do Sul, especializado em Administração, Engenharia e Marketing Desportivo pela Universidade Gama Filho do Rio de Janeiro, mestre em Educação Física, área de performance humana, pela Universidade Metodista de Piracicaba. Publicou vários livros, possui artigos em periódicos científicos especializados, tem matérias em revistas e jornais de circulação regional e nacional e inúmeras aparições na TV. É Diretor do In Forma: Centro de Atividade Corporal em Santos, SP. Tem 27 anos de experiência na área de Educação Física como: escritor, autor, treinador, administrador, consultor, organizador de eventos e palestrante. Eleito o melhor Personal Trainer do Brasil em 2012 pela Sociedade Brasileira de Personal Trainers.

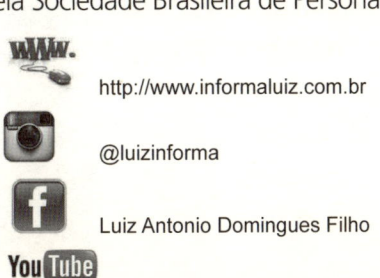

http://www.informaluiz.com.br

@luizinforma

Luiz Antonio Domingues Filho

Colaboradores

FLAVIO MARINO GREGGIO
Mestre em Anatomia Humana – USP.
Graduado em Fisioterapia - UNAERP.
51greggio50@terra.com.br

GLEICE LAPORT DOMINGUES
Graduada em Nutrição – UNIMONTE.
gleiceld@yahoo.com.br

JOSÉ AMETLER
PINSACH
Doutorando em Anatomia Morfológica –
Faculdade de Medicina de Santiago de
Compostela, Espanha.
piti.pinsach@gmail.com
piti@pitipinsach.net

MARCIA REGINA ROCHA
CORREA DOMINGUES
Formada em Medicina – UERJ
Residência médica em diagnóstico
por imagem – UFRJ.
marciaxucorrea@yahoo.com.br

"Grandes descobertas e progressos invariavelmente
envolvem a cooperação de várias mentes."

Alexander Graham Bell (1847-1922)

AGRADECIMENTOS

Aos profissionais de Educação Física, Medicina, Fisioterapia e Nutrição, pelos dados fornecidos e palavras de apoio.

À professora de Educação Física e Miss Fitness 96, Fátima Prata, pela paciência e disposição durante as intermináveis horas de fotografia.

Aos colegas Patrícia Alvarez Correa, Miguel Fernandez Balboa, Taís Massini Rodrigues, que contribuíram com suas imagens, críticas e ações de apoio.

Ao fotógrafo Sérgio Luiz e Márcia Correa, pela sua dedicação em captar as melhores imagens para a presente obra.

Ao Sr. David Vital Correa, pelas sábias orientações e palavras de apoio.

À Life Spa Fitness e ao estúdio de *personal trainer* In Forma: Centro de Atividade Corporal, da cidade de Santos, por cederem o espaço e equipamentos que foram utilizados na composição de alguns exercícios que ilustram o nosso livro.

Aos clientes, que serviram como fonte de inspiração na confecção deste livro.

Aos profissionais que ajudaram a escrever este livro:
Flávio Marino Greggio,
Gleice Laport Domingues,
José Ametler Pinsach,
Márcia Regina Rocha Correa Domingues.
Meu muito obrigado!

Homenageio o Sr. Faustino Elias Laport, por ter presenciado os bons momentos da história do esporte brasileiro e que, mesmo distante, seus ensinamentos e suas vibrações estão presentes até hoje.

PREFÁCIO (PRÓLOGO)

Es un placer para mi como Delegado General de la FIEP – Federación Internacional de Educación Física en la Argentina prologar esta obra de Luiz Antônio Domingues Filho, del joven y entusiasta profesional oriundo de la ciudad de Santos – SP, quien es professor de Educación Física e Personal Trainer, especializado en actividades aeróbicas, fitnes y musculacion, tambien autor de los libros: *Triathlon e Manual do Personal Trainer Brasileiro*, aparecidos en los anos de 1995 e 1998 con un éxito inusitado, agotándose rapidamente esas ediciónes.

El Prof. LUIZ ANTÔNIO DOMINGUES FILHO há demostrado en los cursos recientemente dictados en varias ciudades de Brasil su capacidad profesional, por la diversidad de conceptos que maneja, como por su marcada personalidad de un hombre de bien.

Este libro, *Exercidos Abdominais*, del Prof. LUIZ ANTÔNIO DOMINGUES FILHO, será sin duda un trabajo bien recibido por los entendidos de esta actividad, pues su contenido es rico en aspectos didácticos-metodológicos de fácil comprensión, que suplirá ampliamente una carencia en esta actividad dejada de lado por los profesores de educación física.

De una manera fácil y comprensible para todos, el autor desgrana los aspectos fundamentales acompanãdos de una clara explicación, esquemas, gráficos y dibujos que serán apoyados por la práctica durante sus cursos, tiene por finalidad este libro, de que los asistentes no distraigan su tiempo en la toma de apuntes y confección de diagramas y puedam seguir el desarrollo del curso vivenciándolo plenamente.

Es nuestro deseo que este libro sea bien aprovechado por los estudiantes, maestros y professores en educación fisica especializados en la actividad fisica y la salud, como por los alumnos, técnicos e instrutores de esta disciplina.

PROF. Dr. JORGE DIAZ OTANEZ
Delegado General de la FIEP en Argentina
Secretario del Comité Latinoamericano
Diciembre de 1999

SUMÁRIO

INTRODUÇÃO

Fortalecer a musculatura abdominal, reduzir o perímetro da cintura, diminuir o percentual de gordura, melhorar a postura são alguns dos temas abordados nesta obra, que tem por objetivo subsidiar àqueles que, por qualquer razão, se interessam pelo assunto da musculatura abdominal e, ao mesmo tempo, servir de consulta aos profissionais de Educação Física, Medicina, Fisioterapia e Nutrição.

Para reforçar o entendimento da técnica correta, neste livro haverá ilustrações com desenhos, fotografias e exemplos de exercícios abdominais selecionados a partir dos conhecimentos abordados e da realidade diária dos praticantes, conhecimento este que em nosso meio é extremamente prático, controverso e disperso. A causa disso, talvez, seja a pouca informação ou efeito espelho.

Por isso, após alguns anos de estudo, pesquisa e vida profissional, reuni, junto com os colegas José Ametler Pinsach, Gleice Laport Domingues, Flavio Marino Greggio e Márcia Regina Rocha Correa Domingues uma série de informações, a fim de esclarecermos algumas dúvidas e mostrar através de argumentações e embasamento científico a maneira correta, segura e eficaz de exercitar a musculatura abdominal. Tudo isso com uma linguagem simples e atual, dando aos praticantes e aos interessados os conhecimentos necessários para que possam mudar alguns hábitos de vida e desse modo conseguir os benefícios destes exercícios para a saúde, consequentemente uma musculatura abdominal vigorosa, efetiva e duradoura.

Acreditamos ter chegado ao bom termo e esperamos que esta modesta contribuição possa vir a ser de utilidade para o leitor.

Luiz Antônio Domingues Filho
Organizador

Capítulo I

A importância da prática dos exercícios abdominais

Luiz Antônio Domingues Filho
Mestre em Educação Física, na área de performance *humana – UNIMEP*
Especialista em Administração, Engenharia e Marketing *Desportivo – UGFRJ*
Personal trainer *da In Forma: Centro de Atividade Corporal – Santos-SP*
dominguesfilho@uol.com.br

Basta você observar que, hoje em dia, a maioria das sessões de treinamento feitas em escolas, clubes, academias, estúdio de *personal training* e no próprio lar tem destinado uma grande atenção para esse grupo muscular.

Ele é responsável por boa parte dos movimentos e manutenção da postura do ser humano e contenção do conteúdo abdominal. Alguns estudos realizados mostram que esses músculos perderam um pouco de sua potência devido à posição ereta. Isto exigiu da espécie humana um trabalho permanente da musculatura abdominal, razão pela qual tornou-se necessário o seu fortalecimento até mesmo entre aqueles que não praticam exercícios físicos regularmente. Segundo AaBERG (2001), os músculos do tronco e da região lombar são caracteristicamente os pontos mais fracos na maioria dos indivíduos.

Um dos maiores problemas de saúde tanto no Brasil como em outros países está relacionado com as dores na região lombar. As causas dessas dores estão relacionadas com a inatividade física, com a falta de orientação e conscientização dos indivíduos ao levantarem e carregarem cargas pesadas e da permanência errônea da postura, por longos períodos de tempo.

É bom lembrar que a regularidade na prática dos exercícios abdominais realizados de forma estática ou dinâmica, através de contrações musculares isométricas e isotônicas, com auxílio ou não de equipamentos, unido a exercícios aeróbios como caminhar, correr, pedalar, remar, nadar e de uma boa alimentação, fortalecem essa região ou esse agrupamento muscular e trazem inúmeros benefícios, entre eles:

- **Eficiência respiratória** – durante a fase de expiração, a influência da musculatura abdominal auxilia na eficiência respiratória, através da contração dos músculos: transverso do abdome, oblíquos interno, oblíquos externo, reto do abdome e do diafragma. Isso pode ser observado por meio da eletromiografia (EMG), em que se obtém aumento da atividade elétrica destes músculos durante a expiração e declínio durante a inspiração (ABE *et. al.*, 1996).

- **Equilíbrio postural** – o equilíbrio postural da coluna, principalmente na sua região lombar, só será possível graças ao fortalecimento da musculatura abdominal, dos M. glúteos e dos M. isquiotibiais, além da realização de alongamentos para melhorar os músculos flexores do quadril e os músculos extensores da coluna lombar. Segundo GARCIA *et. al.*, (2000), os músculos da parede abdominal têm como função principal proporcionar estabilidade à coluna vertebral.

- **Sustentação visceral** – o fato de nos mantermos em pé aumenta a pressão intra-abdominal, que associada ao peso visceral pode promover o surgimento de ptoses abdominais, devido à flacidez da parede abdominal. Com a prática regular dos exercícios abdominais isso tende a não acontecer (JUKER *et. al.*, 1998).

- **Eficiência do processo digestivo** – a prática de exercícios abdominais regulares e a ingestão de alimentos ricos em fibras facilitam a fase de defecação e contribuem na prevenção de prisão de ventre.

- **Prevenção contra as diástases** – durante a gestação, há uma separação dos feixes dos músculos retos abdominais com o intuito de permitir o desenvolvimento uterino. A diástase passa a ser notada principalmente a partir do segundo trimestre de gestação e apresenta uma diminuição no pós-parto, porém não desaparece completamente até aproximadamente 12 meses após o parto. Não há unanimidade que a prática regular de exercícios abdominais impeça o aparecimento das diástases em gestantes, mas em mulheres com bom tônus abdominal a incidência é menor. Isso torna a prática de exercícios abdominais um importante meio de prevenção e recuperação. Alguns ginecologistas consideram normal uma diástase de mais ou menos três centímetros (dois dedos), pois a recuperação tende ser mais rápida que na condição pré-gravídica. Segundo ARTAL e BUCKENMEYER (1995), para o puerpério tardio, é necessário algumas sessões de treinamento intensivo durante mais ou menos seis semanas para se obter o desenvolvimento de força muscular abdominal e pélvica. Um estudo de MESQUITA *et. al.* (1999) demonstrou que um atendimento pós-parto imediato colabora na redução de diástases do M. reto abdominal e auxilia na recuperação.

- **Prevenção contra traumatismos** – principalmente em esportes de contato, onde os praticantes recebem golpes na região do tórax e do abdome que podem ocasionar lesões ou mesmo ruptura de algum órgão interno, a musculatura abdominal tem que estar muito bem fortalecida. O mesmo acontece com pequenas pancadas devido a acidentes cotidianos ocasionais, o que se torna fundamental o fortalecimento dos músculos abdominais, dos músculos flexores e extensores do quadril e dos músculos dorsais.

- **Prevenção às áreas abdominais sujeitas a hérnias** – uma musculatura abdominal fortalecida dificilmente permite o surgimento de hérnias. Embora hérnias abdominais sejam as mais frequentes, podem também ocorrer em outros locais como: tórax, crânio e coluna vertebral. Elas incidem em pontos fracos naturais ou adquiridos. As mais comuns são: hérnia umbilical, hérnia inguinal (indireta, direta e crural), hérnia epigástrica e hérnia incisional.

- **Melhora do rendimento esportivo** – a prática regular de exercícios abdominais deve envolver movimentos específicos requeridos em cada modalidade esportiva, para que possam contribuir na melhora da *performance*. Para isso devem ser utilizados dois tipos de contrações musculares: isométrica e isotônica.

- **Melhora da estética** – considerada como o objetivo mais importante para maioria dos indivíduos, ter um abdome definido e forte tornou-se uma prioridade. Para isso, uma rotina de exercícios aeróbicos e de exercícios abdominais, associada a uma dieta rica em fibras, pode favorecer essa melhora, mas a genética ainda prevalece com relação à definição do abdome.

Só isso já é motivo de sobra para começar ou continuar exercitando a musculatura abdominal. Entretanto, não obstante as evidências científicas sobre este assunto, muitos indivíduos mostram-se ainda desinteressados ou desinformados quanto a estes benefícios alcançados em médio e longo prazo, pois querem resultados rápidos. A única maneira que dispomos de mantê-los informados sobre esta questão (o professor de Educação Física possui um importante papel social neste processo educativo) é através de exercícios abdominais planejados, organizados e exe-cutados com intuito de promover um desenvolvimento harmônico desses músculos que contraem, estendem e rotacionam.

Mas antes torna-se importante compreender como fun-cionam os músculos do abdome e conhecer a relação que existe entre os músculos do dorso, os músculos flexores do quadril e os músculos do assoalho pélvico, para conquistar esses benefí-cios citados.

Saúde e estética

Estas duas palavras: estética, que trata das leis gerais do belo, e saúde, que se refere ao estado do indivíduo em que há exercício regular das funções orgânicas e boa disposição do organismo, são dois motivos para procurar manter a musculatura abdominal sempre forte e bonita, sendo que uma está interligada a outra. Mas nem sempre o conceito de estética que uma pessoa possui combina com o seu conceito de saúde. Ambos os sexos sem-pre acham que estão com excessos e procuram as mais variadas maneiras de livrarem-se deles; esquecem que não podem modi-ficar a constituição física, mas apenas a composição corporal.

Hoje em dia, a grande maioria dos indivíduos dá muita importância à aparência, até porque é uma forma de satisfazer seus desejos e de reforçar a autoimagem. Claro que isso varia de pessoa para pessoa, porém todos gostariam de ter um abdome vigoroso e definido.

A barriga é considerada o inimigo número um dos homens e das mulheres, pois incomoda tanto os gordinhos como os magrinhos. Foi fácil de se chegar a essa conclusão, devido às respostas coletadas por um questionário respondido por clientes meus ou não, a respeito desse assunto, nos anos de 1993, 1996 e 2000. Mesmo com uma diferença de sete anos, os resultados mostraram-se inalterados.

Alguns fatores que contribuíram e chamaram a atenção para melhorar e diminuir o volume abdominal dos indivíduos foram a criação e lançamentos dos inúmeros tipos de peças de roupas que valorizaram o corpo dos que sempre estavam fazendo alguma atividade física regular e que quisessem deixar à mostra uma parte do corpo, no caso o abdome, como também os ritmos musicais atuais, em que os movimentos exigem um bom trabalho da musculatura abdominal.

Como vivemos numa era do quase ou tudo automático, a parede abdominal do homem moderno está sendo pouco desenvolvida, devido à sua distribuição anatômica, postura bípede e as dificuldades e transtornos impostos por uma sociedade que nos incentiva a hábitos sedentários, que fazem com que muitos se descuidem do corpo. A grande maioria dos indivíduos alimenta-se em *fast food,* trabalha sentada e tem gestos repetitivos, possui carros, televisão, DVD, controle remoto para diferentes aparelhos eletrônicos e outros milhares de detalhes que não utilizam muito esforço do corpo. Devido a esse comodismo, a musculatura abdominal vai enfraquecendo por pouco ou nenhum uso e com isso vão aumentando os problemas físicos, que podem incomodar eternamente; junte-se a isso o tabagismo, as drogas e a bebida alcoólica.

Para a maioria dos indivíduos, iniciar ou mesmo retornar à prática regular de exercícios abdominais e atingir níveis satisfatórios de uma boa aptidão física nesta musculatura requer certo esforço individual e uma forte motivação, então lembre-se de dedicar alguns minutos, todos os dias ou alternados, à sua musculatura abdominal, e logo perceberá uma diferença para melhor na sua saúde, no seu bem-estar e automaticamente na estética também.

Obesidade

A maioria das pessoas sabe que a deposição excessiva de gordura no organismo por hiperplasia (aumento no número de células adiposas) e por hipertrofia (aumento no tamanho de células adiposas) é a causa de inúmeros problemas de saúde como:

- Doenças circulatórias;
- Doenças do coração;
- Dores lombares;
- Doenças degenerativas das articulações.

Muitas delas lutam contra o excesso de peso devido ao excesso de gordura e hoje existem em circulação inúmeros livros, revistas, informativos sobre controle de peso, dietas, alimentos *diet* e *light,* programa de exercícios físicos, aparelhos, cirurgias, medicamentos saciadores de fome e termogênicos e novos métodos revolucionários de emagrecimento. Muitas das informações, técnicas e tratamentos são eficientes, mas a grande maioria foi criada apenas para ganhar dinheiro, pouco ligando para os resultados que os indivíduos tanto esperam, que é emagrecer. Mas, para quem quer renovar o visual e acha que precisa ficar bonitinho, não existem exploração, recessão, crise ou queda de consumo, a exigência da perfeição física fala sempre mais alto.

Vale frisar que o peso do seu corpo é mantido quando há um equilíbrio entre o consumo de alimentos e gasto de energia. Caso este equilíbrio seja quebrado, podem acontecer três coisas:

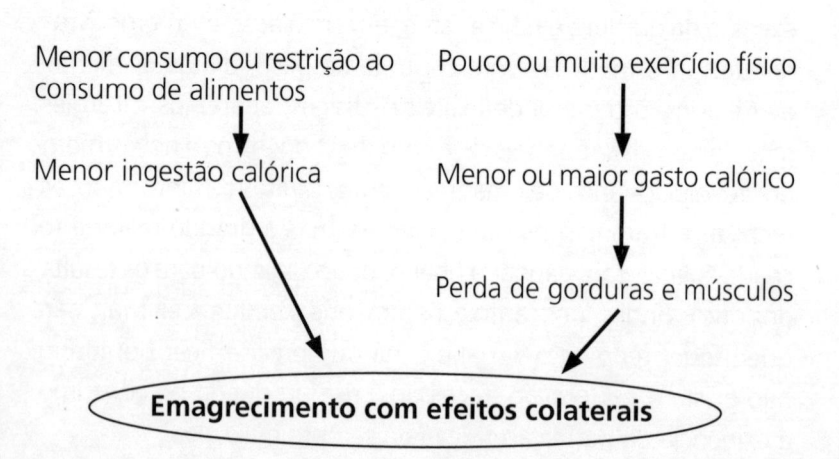

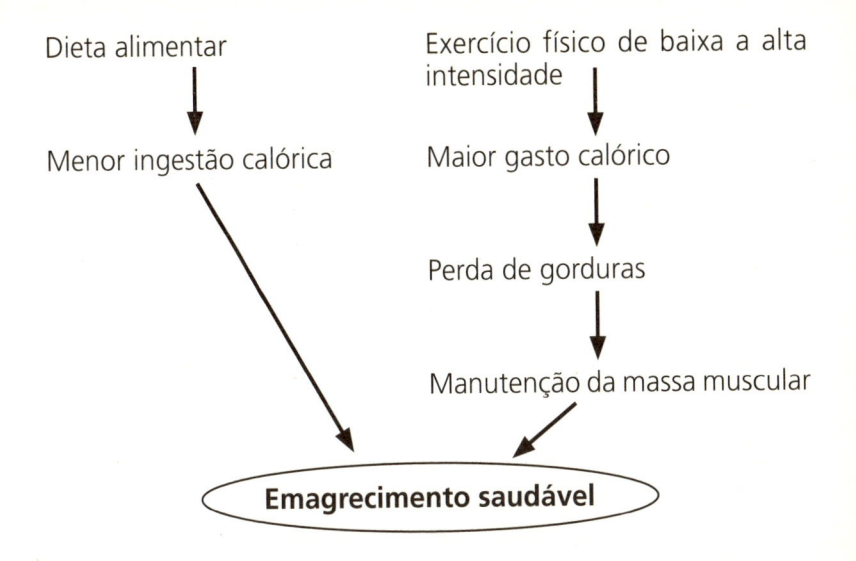

Dieta alimentar → Menor ingestão calórica

Exercício físico de baixa a alta intensidade → Maior gasto calórico → Perda de gorduras → Manutenção da massa muscular

Emagrecimento saudável

Entretanto, não é simples assim como se imagina, pois existe uma série de fatores que propiciam direta ou indiretamente o aumento do tecido gorduroso no organismo, como:

- Distúrbios hormonais;
- Hiperfagia;
- Medicamentos orexígenos;
- Metabolismo basal baixo;
- Sedentarismo.

Contra esses danos é necessário que se faça o diagnóstico correto e específico para que se possa instituir a terapêutica correta pelos profissionais de medicina, nutrição e educação física. Os distúrbios hormonais são tratados com medicamentos; a hiperfagia é tratada com dieta alimentar e alguns medicamentos, quando necessário; os orexígenos são suspensos e, nos casos de metabolismo basal baixo e sedentarismo, é recomendada a prática de exercícios físicos de longa duração e de média a baixa intensidade.

Mas devemos ter cuidado, pois quem quer perder peso sempre tem pressa. Uma pessoa leva 20, 30, 40 anos para engordar e quer emagrecer 5, 10, 15 quilos em uma semana, para ficar com o corpo bonito e com aparência saudável; isso não existe e não deverá acontecer nunca. Sugerimos que em vez de reduzir ou pular refeições, o melhor é aumentar a qualidade geral da dieta e restringir o consumo de gordura e álcool. Conforme o Colégio Americano de Medicina Esportiva (2003), devemos planejar exercício e alimentação de forma que a perda de peso não exceda 1 quilo por semana. Saiba que para cada quilo de gordura a ser reduzido, 9.000 calorias devem ser gastas. Para aqueles que se sujeitam a diversos tratamentos e técnicas que prometem mudanças rápidas, sem esforço e sem controle alimentar, saiba que estes métodos, além de pouco produtivos, podem ser muito prejudiciais ao organismo.

Um detalhe que vem chamando a atenção refere-se à autoimagem corporal ruim, em que o indivíduo não está satisfeito com sua forma e com seu peso e, mesmo fazendo um trabalho conjunto, composto de exercícios físicos e dieta para reduzir peso, este pode levar à frustração devido a perdas modestas durante a execução do programa; nesse caso é indicado um trabalho paralelo com um psicólogo.

Na verdade, o método mais saudável e natural para controlar o peso é a reavaliação dos hábitos alimentares aliada aos exercícios físicos. Para isso, basta precisar o quanto (quantitativo) e o que comer (qualitativo), mais um tempo determinado de exercício físico de baixa a moderada intensidade e de média a longa duração, e o indivíduo poderá manter o peso desejado ou mesmo diminuí-lo, sem efeitos colaterais.

Exercícios aeróbios

São aqueles que envolvem grandes grupos musculares e são executados com baixa ou média intensidade, durante um período de tempo médio ou longo, com a presença de oxigênio, pois são os mais indicados para metabolizar as gorduras. Nestes exercícios, os batimentos cardíacos têm que se manter numa faixa contínua, com poucas variações.

Os exercícios aeróbios compõem um dos mais importantes itens de um programa de exercícios físicos, tanto que inúmeros estudos têm confirmado sua importância para a manutenção e a melhora da aptidão física, da composição corporal e da qualidade de vida, devido às alterações metabólicas, cardiorrespiratórias e do gasto calórico em cada sessão de treinamento, o que contribui para a prevenção e tratamento de patologias e fatores de risco ligados ao estilo de vida.

Na realidade, nenhuma atividade física é totalmente aeróbia ou anaeróbia, o que nos faz classificar as atividades físicas são as fontes predominantes de energia utilizadas.

A maioria dos autores considera como exercícios aeróbios as atividades que englobam grandes grupamentos musculares mantidas por tempo superior a 15 minutos.

Mas então perguntaria o leitor: Por que preciso treinar exercícios aeróbios antes de fazer meus exercícios abdominais? Simples, os exercícios aeróbios estão associados a adaptações em várias das capacidades funcionais relacionadas com o transporte e a utilização do oxigênio. Apenas para citar algumas:

- **Adaptações metabólicas** (maquinismo metabólico, enzimas, metabolismo das gorduras, metabolismo dos carboidratos, tipo de fibra muscular e tamanho das fibras musculares).
- **Adaptações cardiovasculares e pulmonares** (volume cardíaco, volume plasmático, frequência cardíaca, volume de ejeção, débito cardíaco, extração de oxigênio, fluxo e distribuição do sangue, pressão arterial, função pulmonar).
- **Outras adaptações** (alteração na composição corporal, transferência de calor corporal, alterações no desempenho, benefícios psicológicos).

São essas adaptações que, associadas à prática de exercícios abdominais, lhe trarão resultados esperados e objetivados. Então, é muito importante a sua prática antes e, em alguns casos, após também.

Para resumir, a prática de exercícios aeróbios combinada a exercícios abdominais regulares mostra uma melhora bastante significativa durante os três primeiros meses de treinamento. A sua continuidade, além de ser muito importante, faz com que haja uma modificação na aparência e tonificação tanto interna como externa. Algumas pessoas têm mais facilidade em ter um abdome definido do que outras devido ao seu biótipo. Neste caso, o mais importante é aceitar o próprio corpo, e não querer ser outra pessoa.

Essas fotografias demonstram três tipos de exercícios aeróbios que são superfáceis de praticar, pois hoje em dia uma grande parte da população possui esses aparelhos em casa, o que facilita bastante a sua execução. Falaremos um pouquinho sobre cada um, para que você, leitor, possa escolher e colocar em prática no seu dia a dia.

- **Bicicleta ergométrica ou estacionária** – Constitui um excelente meio de se exercitar, pois podemos simular inúmeras situações, como se estivéssemos na rua ou trilha, e ainda assim controlar a intensidade do exercício. O gasto calórico é bastante satisfatório quando estamos pedalando, além de desenvolver os membros inferiores e melhorar sua aparência. Os erros mais comuns em sua prática são na regulagem da altura do selim e com relação à postura do praticante.

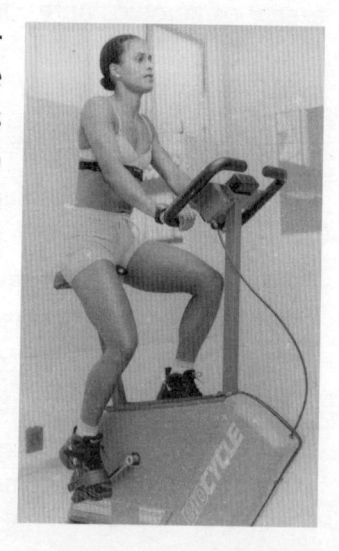

- **Esteira** – Serve tanto para correr como para caminhar – alguns afirmam que caminhar tem benefícios fisiológicos iguais ou superiores aos da corrida. Mas o gasto calórico da corrida, conforme inúmeros estudos, é bem maior do que o da caminhada.

Para os clientes sedentários ou não, a velocidade normal de caminhada varia de 3 a 6 km/h. Acima disso, a pessoa estará correndo. Quando utilizamos a inclinação da esteira, estaremos exigindo um gasto calórico ainda maior do que se estivéssemos caminhando ou correndo no plano. Mas é preciso ter muito cuidado, pois há uma sobrecarga muito grande nos membros inferiores. Dentre os erros mais comuns estão caminhar ou correr olhando para o chão ou tapete, a inclinação do tronco para a frente e passadas curtas.

- *Step* ou *stepper* – Simula subidas em escadas, portanto, é ótimo para gastar calorias, pois o seu propósito fisiológico é o de elevar e manter a frequência cardíaca a certos níveis, alternando sempre as pernas. Este aparelho pode ainda aumentar ou diminuir a altura do degrau a ser subido. Um dos erros mais comuns durante a sua execução relaciona-se ao apoio inadequado dos pés. A técnica correta impõe o apoio completo dos pés sobre o apoiador e não apenas a ponta destes.

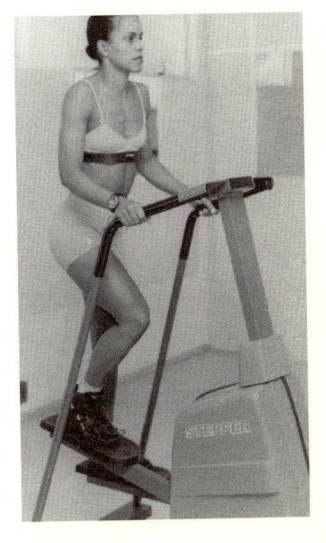

Para que possamos observar como o sistema cardiovascular reage ao estresse do exercício, no caso, aeróbio, a observação da frequência cardíaca torna-se importante antes, durante e após o treinamento.

Frequência cardíaca (FC)

Quando o coração se contrai, ele bombeia sangue pelo lado direito para os pulmões e o sangue rico em oxigênio para todo o corpo pelo lado esquerdo.

As contrações do músculo cardíaco são chamadas de "pulsações" ou de "batimentos cardíacos", e são geralmente medidas em **bpm**, que é o número de batimentos que o coração faz por minuto. Esse batimento serve como controle para determinar o esforço que o cliente irá fazer durante alguma atividade física.

A mensuração da frequência cardíaca representa um item fundamental durante a prática de exercícios físicos. O aumento da FC está relacionado ao aumento do consumo de oxigênio (WILMORE, COSTILL, 2001).

A frequência cardíaca varia muito entre os indivíduos, mesmo que ambos possuam altura, peso e idade iguais. Quanto ao sexo, também há uma variação, com a média feminina situando-se entre 5 a 7 bpm mais alta que os homens, devido ao coração ser proporcionalmente menor (WILMORE, COSTILL, 2001; McARDLE et al., 1998).

Existem hoje fórmulas e formas diferenciadas de calcular e descrever as frequências cardíacas ou zonas-alvo de frequência cardíaca. Veremos a seguir algumas que são importantes tanto para a avaliação da aptidão física como também para a programação de uma sessão de treinamento aeróbio.

Usaremos os dados de um indivíduo do sexo feminino de 40 anos de idade, com uma frequência cardíaca máxima de 179 bpm (este valor pode variar conforme a fórmula usada para calcular a FC máx), frequência cardíaca de repouso de 50 bpm e uma frequência cardíaca de reserva de 129 bpm, para exemplificar.

Frequência cardíaca de repouso

É a frequência cardíaca obtida logo ao despertar, antes de levantar-se da cama pela manhã. O cliente deverá anotar durante três dias consecutivos a sua frequência cardíaca, ainda deitado na sua cama, e depois fará uma média desses bpm obtidos. Esse é um dado fundamental para controlar o progresso da condição física do cliente e deverá ser repetido a cada 8 semanas. Quanto menor for o número de batimentos, melhor.

Exemplo: **FC repouso = 50 bpm**

Frequência cardíaca de reserva

Nada mais é que a diferença entre a frequência cardíaca máxima e a frequência cardíaca de repouso, que representa a faixa de intensidade da frequência cardíaca, na qual se pode executar qualquer exercício físico numa boa.

Exemplo: **FC reserva = FC máxima – FC repouso**
FC reserva = 182.12 – 50
FC reserva = 132,12 bpm

Frequência cardíaca de recuperação

É a redução da frequência cardíaca logo após a finalização de um exercício físico. Quanto mais rápida for essa redução, melhor será o condicionamento físico do cliente. Um período comum de recuperação corresponde a 60 segundos.

Exemplo: após uma caminhada de 30 minutos na esteira, o cliente tinha a frequência cardíaca de 133 bpm. Passado o primeiro minuto ele apresentou uma frequência cardíaca de 101 bpm. Isso significa que sua **FC recuperação = 32 bpm**.

Frequência cardíaca máxima

É o número máximo de batimentos que o coração pode atingir por minuto durante um determinado esforço. Este número não pode aumentar, pode apenas decrescer com a idade. É obtido utilizando um teste cardiológico de esforço específico (teste ergométrico) ou usando estas fórmulas matemáticas ajustadas à idade:

Equações de predição da FC máx específicas para ambos os sexos

♥ **FC máxima = 220 – idade**

Karvonen et al, 1957

♥ **FC máxima = 210 – (0,65 x idade)**

Jones 1975

Equações de predição da FC máx específicas para homens ou para mulheres.

♥ **FC máxima = 205 – (0,41 x idade)** (homem sedentário)
  FC máxima = 198 – (0,41 x idade) (homem ativo)

Sheffield et al 1965

♥ **FC máxima = 206 – (0,597 x idade)** (mulher)

Hossack et al, 1981

♥ **FC máxima = 192 – (0,7 x idade)** (mulher)

Calvert et al, 1977

Exemplo: **FC máxima = 206 – (0,597 × idade)**
  FC máxima = 206 – (0,597 × 40 anos
  FC máxima = 182.12 bpm

Frequência cardíaca de treino

É a frequência cardíaca estipulada para ser atingida ou trabalhada num determinado exercício físico, na qual se obterá o maior benefício. Para isto, basta utilizar um percentual da frequência cardíaca máxima para determinar o esforço e consequentemente a intensidade do exercício físico que causam adaptações ao organismo. A literatura especializada tem citado que o máximo benefício dos exercícios é conseguido exercitando-se entre 60% a 90% da FC máx. (NEGRÃO, BARRETO, 2005; ACSM, 2003; BARTECK, 1999; ALFIERI, DUARTE, 1993).

Frequência cardíaca de treino

FC treino = % de trabalho + FC repouso × (FC máx – FC repouso)

(KARVONEN et al., 1957)

Em que:

% de trabalho – zona-alvo ou intensidade do exercício
FC máx – Frequência cardíaca máxima
FC rep – Frequência cardíaca de repouso

Exemplo:
FC treinamento = [%. (FC máx – FC rep)]+ FC rep
FC treino = [60% (182,12 – 50)] + 50
FC treino = [0.60 × 132,12] + 50
FC treino = 78,272 + 50
FC treino = 129,272bpm (60% ou limite inferior)

FC treinamento = [%. (FC máx – FC rep)]+ FC rep
FC treino = [85% (182,12 – 50)] + 50
FC treino = [0.85 × 132,12] + 50
FC treino = 112,302 + 50
FC treino = 162,302 bpm (85% ou limite superior)

A zona-alvo de treinamento representa o nível de intensidade do exercício a ser trabalhada durante uma sessão de treinamento aeróbio, quando se determina a utilização do sistema energético predominante, favorecendo um gasto calórico favorável. Geralmente são utilizados os porcentuais de 70% a 90% para clientes com bom nível de aptidão física. Para os que estão começando ou retornando à prática e se encontram com baixo nível de condicionamento, os valores iniciais são de 60% a 75%.

Quadro referente à zona-alvo de treinamento, porcentual da frequência cardíaca máxima, intensidade subjetiva/metabolismo e sintomas durante o exercício.

Zona-alvo de treinamento	% FC máx	Intensidade Subjetiva/ metabolismo	Sintomas durante o exercício
Atividade moderada	50% a 60%	Leve – aeróbio	Transpiração suave e nenhuma dificuldade respiratória
Controle de peso	60% a 70%	Leve / moderado – aeróbio	Transpiração suave e pouca dificuldade respiratória
Aeróbica /condicionamento	70% a 80%	Moderado / intenso – aeróbio	Transpiração moderada e alguma dificuldade respiratória
Limiar anaeróbio	80% a 90%	Intenso – aeróbio / anaeróbio	Transpiração intensa e dificuldade respiratória
Esforço máximo	90% a 100%	Intenso / máximo – anaeróbio	Transpiração intensa e muita dificuldade respiratória

Fonte: EDWARDS 1994, modificado por DOMINGLTES FILHO, 2000.

Anotações importantes
(Cadastro e medidas antropométricas)

Com certeza irá levar semanas, meses ou anos para o cliente conseguir um abdome forte e vigoroso, pois nada acontece de um dia para outro, tudo leva tempo, além de muita persistência e paciência, aí então os resultados serão satisfatórios e duradouros.

Antes de iniciarmos um programa de treinamento físico (fortalecimento da musculatura abdominal), precisamos formular objetivos e registrar alguns dados para que haja um acompanhamento e uma comparação nos resultados. Atente para a condição de saúde do cliente; um exame médico e uma avaliação da aptidão física se faz necessário.

O primeiro passo é montar uma ficha de avaliação e evolução física dentro de um programa de computador, onde criará um arquivo e nesse arquivo deverá conter:

- **Nome** – o nome do cliente ou nome para o arquivo, designando a pessoa ou o programa.
- **Idade** – todos, sem exceção, precisam se exercitar, independente da idade que tenham. Porém, aqueles que possuem 30 anos ou mais e estão muito tempo sem fazer qualquer tipo de atividade física encontrarão algumas dificuldades no começo, pois a musculatura estará um pouco fraca por falta de uso e também porque a partir dos 30 anos a força muscular vai decrescendo. Mas fiquem tranquilos, todos podem ter um abdome forte e vigoroso.
- **Sexo** – conformação particular que distingue o homem da mulher.
- **Data da avaliação** – serve para ter uma ideia de como o cliente estava naquela data e verificar se os objetivos estão sendo atingidos ou se há necessidade de modificações no programa.

Medidas antropométricas

- **Peso corporal ou massa corporal –** o objetivo é determinar o peso corporal do cliente. Ele deve estar com a menor quantidade possível de roupa (sunga para os homens e maiô para as mulheres), posicionado em pé e de costas para a escala da balança, bem no centro da plataforma, com o olhar fixo num ponto à sua frente. É feita uma única leitura na borda interna da escala utilizando o quilograma (kg) como unidade de medida. Usa-se uma balança 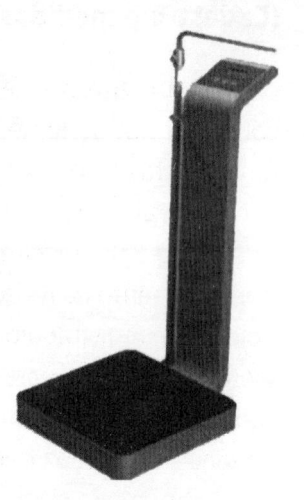 com precisão de 100 gramas. Registre a cada 4 semanas ou se preferir a cada 15 dias, sempre na mesma balança. Lembre-se: exercícios abdominais apenas fortalecem esta musculatura, o que emagrece é uma boa dieta seguida de exercícios aeróbios.

- **Altura ou estatura –** o objetivo é determinar a estatura do cliente em posição ortostática (do ponto vértex à região plantar). Posicionado em pé, de costas e com os pés unidos e descalços, com a cabeça paralela ao solo, procurando colocá-la em contato com o instrumento de medida, o cursor em ângulo de 90° em relação à escala. É realizada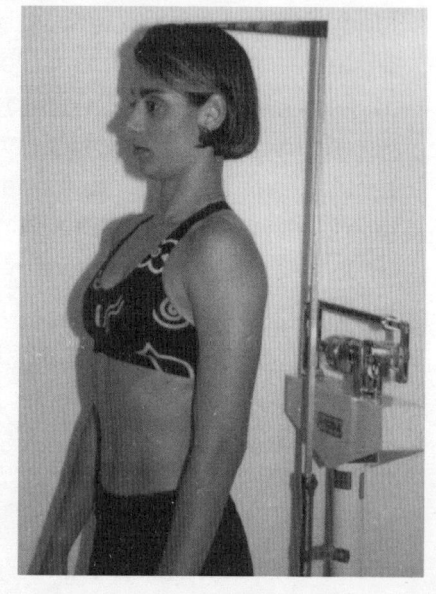

uma leitura utilizando metros (m) ou centímetros (cm) como unidade de medida. Usa-se o estadiômetro ou então um altímetro. O fator tipo físico é importante para saber se o cliente tem mais facilidade ou não de perder gordura no abdome. Exemplo:

– Indivíduos brevilíneos – são pessoas de estatura baixa, com excesso de gordura localizada no meio do corpo. Elas geralmente possuem uma certa dificuldade em "modelar" o abdome e os resultados demoram um pouco mais.

– Indivíduos normolíneos – são pessoas de estatura média e com uma distribuição de gordura mais generalizada. É mais fácil de "modelar" o abdome e os resultados aparecem um pouco mais rápido.

– Indivíduos longilíneos – são pessoas altas, geralmente com pouca predisposição à gordura, que desenvolvem uma musculatura abdominal mais rápida com relação às outras classificadas acima.

Uma observação: todas essas três classificações não são ponto-chave no seu desenvolvimento muscular, mesmo porque a população brasileira possui uma grande mistura de raças e por isso a classificação dos indivíduos dentro destas categorias muitas vezes se torna difícil.

- **Circunferências:** o objetivo é determinar o perímetro, que é o contorno que delimita determinada área ou região quando medido em ângulo reto em relação ao seu eixo maior. Usa-se uma fita métrica metálica com precisão de 0,1 cm. Uma dica é o uso de um espelho de fundo que auxilia na avaliação. Segue uma descrição dos pontos anatômicos para as medidas de circunferências.

Cintura

Utilize a trena metálica ou fita métrica e meça a cintura, medida num plano horizontal na altura da menor circunferência, geralmente a 2,5 cm acima do umbigo. Repita a cada três meses sempre na mesma data e região.

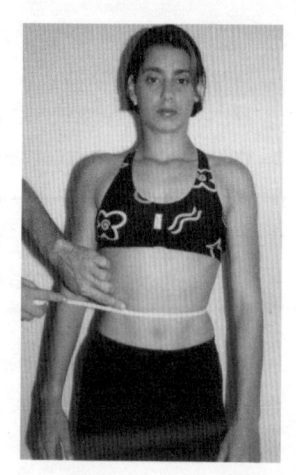

Abdome

Utilize a trena metálica ou fita métrica e meça primeiro com o abdome normalmente relaxado, depois com o abdome encolhido ao máximo. Repita a cada três meses. Sempre na mesma data, meça de novo a mesma região abdominal, na maior circunferência ou medida num plano horizontal no nível do umbigo, com isso podemos acompanhar o progresso.

Quadril

Utilize a trena metálica ou fita métrica e meça o quadril. Repita a cada três meses sempre na mesma data e região. Meça num plano horizontal no nível da maior circunferência ao redor dos glúteos.

Relação Cintura Quadril (RCQ)

A relação cintura quadril (RCQ) é uma forma bastante comum de se perceber a distribuição da gordura dos segmentos superiores em relação aos segmentos inferiores e foi desenvolvida para prognosticar o risco de doença crônica. Para isso, é necessário que se utilize a medida da cintura (cm) dividida pela medida do quadril (cm), e depois deve-se observar na tabela se está dentro dos padrões aceitáveis para idade de 20 a 69 anos e para o sexo.

$$RCQ = \frac{Cintura\ (cm)}{Quadril\ (cm)}$$

Tabela de relação do índice cintura / quadril: (cm)							
Idade	Risco estimado						
	Baixo		Moderado		Alto		Muito alto	
	Masc.	Fem.	Masc.	Fem.	Masc.	Fem.	Masc.	Fem.
20-29	< 0,83	< 0,71	0,83-0,88	0,71-0,77	0,89-0,94	0,78-0,82	> 0,94	> 0,82
30-39	< 0,84	< 0,72	0,84-0,91	0,72-0,78	0,92-0,96	0,79-0,84	> 0,96	> 0,84
40-49	< 0,88	< 0,73	0,88-0,95	0,73-0,79	0,96-1,00	0,80-0,87	> 1,00	> 0,87
50-59	< 0,90	< 0,74	0,90-0,96	0,74-0,81	0,97-1,02	0,82-0,88	> 1,02	> 0,88
60-69	< 0,91	< 0,76	0,91-0,98	0,76-0,90	0,99-1,03	0,84-0,90	> 1,03	> 0,90

Adaptado de HEYWARD, STOLARCZYK, 2000.

Índice de Conicidade

O índice de conicidade foi proposto para avaliação da obesidade e distribuição da gordura corporal com bases nas medidas de peso, estatura e circunferência da cintura e serve como discriminador de risco coronariano elevado. A interpretação do resultado é feita da seguinte forma, digamos que um cliente do sexo masculino tem o índice C de 1,29, isto significa que a circunferência da cintura, já levando em consideração o seu peso e estatura, é 1,29 vezes maior do que a circunferência que a mesma teria caso não houvesse gordura abdominal. No caso do valor de referência para o sexo masculino ele esta acima do desejado. Para calcular o índice C utiliza-se a seguinte equação matemática:

$$\text{Índice C} = \frac{\text{Circunferência Cintura (m)}}{0{,}109\sqrt{\dfrac{\text{Peso Corporal (kg)}}{\text{Estatura (m)}}}}$$

Valor de referência para homens e mulheres:
Homens < = 1,25
Mulheres < = 1,18
Mulheres acima de 50 anos < = 1,22
(ALMEIDA *et al.*, 2009; PITANGA, LESSA, 2004)

Composição Corporal

Quando avaliamos a composição corporal, de forma duplamente indireta, estamos acionando os componentes adiposos e magros do cliente. O que mais interessa é o percentual ou o peso da gordura corporal, pois é ela a grande vilã no aumento do risco de problemas de saúde.

O aparelho utilizado para a avaliação das medidas de espessura das dobras cutâneas é o compasso de dobras cutâneas, também conhecido como plicômetro ou espessímetro. Oferecemos duas opções ao leitor: na primeira opção, utilizaremos apenas duas tomadas (suprailíaca e abdominal), considerando os valores de espessura das dobras cutâneas separadamente e oferecendo informações isoladamente quanto à distribuição relativa da gordura naquela região. A segunda opção é para determinar a composição corporal através de uma equação. Quanto à escolha de uma equação, vale ressaltar que é bom verificar com base em qual população ela foi criada, pois a maioria vem de outros países e pode causar algum equívoco nos resultados.

Separamos os protocolos de *JACKSON, POLLOCK* (1978) para homens com idade de 18 a 61 anos e *JACKSON, POLLOCK, WARD* (1980), para mulheres com idade de 18 a 55 anos, que propuseram equações de predição de densidade e gordura corporal utilizando somatório de dobras cutâneas, idade e sexo.

Homens: R = 0,912

Densidade $=1,1093800 - 0,0008267(X1) + 0,0000016(X1)^2 - 0,0002574(X3)$

Mulheres: R = 0,842

Densidade $= 1,0994921 - 0,0009929(X2) + 0,00000230(2)^2 - 0,0001392(X3)$

Em que:

X1 = dobras cutâneas: torácica (to), abdominal (ab) e da coxa (cc).

X2 = dobras cutâneas: tricipital (tr), suprailíaca (si) e da coxa (cx).

X3 = idade em anos.

Para facilitar o problema (essas fórmulas são trabalhosas de calcular), JACKSON, POLLOCK (1980) elaboraram duas tabelas, citadas por POLLOCK, WILMORE (1993), uma para os homens e outra para as mulheres, que nos fornecem diretamente, a partir do somatório de três dobras, sexo, idade e o valor do percentual de gordura.

Tabela 1
Estimativas do percentual de gordura corporal para homens, a partir dos fatores idade e soma das dobras cutâneas torácica, abdominal e da coxa

Soma das Pregas Cutâneas (mm)	Idade até o Último Ano de Estudo								
	Menos de 22	de 23 a 27	de 28 a 32	de 33 a 37	de 38 a 42	de 43 a 47	de 48 a 52	de 53 a 57	Mais de 57
8-10	1,3	1,8	2,3	2,9	3,4	3,9	4,5	5,0	5,5
1-13	2,2	2,8	3,3	3,9	4,4	4,9	5,5	6,0	6,5
14-16	3,2	3,8	4,3	4,8	5,4	5,9	6,4	7,0	7,5
17-19	4,2	4,7	5,3	5,8	6,3	6,9	7,4	8,0	8,5
20-22	5,1	5,7	6,2	6,8	7,3	7,9	8,4	8,9	9,5
23-25	6,1	6,6	7,2	7,7	8,3	8,8	9,4	9,9	10,5
26-28	7,0	7,6	8,1	8,7	9,2	9,8	10,3	10,9	11,4
29-31	8,0	8,5	9,1	9,6	10,2	10,7	11,3	11,8	12,4

Idade até o Último Ano de Estudo								
Soma das Pregas Cutâneas (mm)	Menos de 22	de 23 a 27	de 28 a 32	de 33 a 37	de 38 a 42	de 43 a 47	de 48 a 52	de 53 a 57	Mais de 57
32-34	8,9	9,4	10,0	10,5	11,1	11,6	12,2	12,8	13,3
35-37	9,8	10,4	10,9	11,5	12,0	12,6	13,1	13,7	14,3
38-40	10,7	11,3	11,8	12,4	12,9	13,5	14,1	14,6	15,2
41-43	11,6	12,2	12,7	13,3	13,8	14,4	15,0	15,5	16,1
44-46	12,5	13,1	13,6	14,2	14,7	15,3	15,9	16,4	17,0
47-49	13,4	13,9	14,5	15,1	15,6	16,2	16,8	17,3	17,9
50-52	14,3	14,8	15,4	15,9	16,5	17,1	17,6	18,2	18,8
53-55	15,1	15,7	16,2	16,8	17,4	17,9	18,5	19,1	19,7
56-58	16,0	16,5	17,1	17,7	18,2	18,8	19,4	20,0	20,5
59-61	16,9	17,4	17,9	18,5	19,1	19,7	20,2	20,8	21,4
62-64	17,6	18,2	18,8	19,4	19,9	20,5	21,1	21,7	22,2
65-67	18,5	19,0	19,6	20,2	20,8	21,3	21,9	22,5	23,1
68-70	19,3	19,9	20,4	21,0	21,6	22,2	22,7	23,3	23,9
71-73	20,1	20,7	21,2	21,8	22,4	23,0	23,6	24,1	24,7
74-76	20,9	21,5	22,0	22,6	23,2	23,8	24,4	25,0	25,5
77-79	21,7	22,2	22,8	23,4	24,0	24,6	25,2	25,8	26,3
80-82	22,4	23,0	23,6	24,2	24,8	25,4	25,9	26,5	27,1
83-85	23,2	23,8	24,4	25,0	25,5	26,1	26,7	27,3	27,9
86-88	24,0	24,5	25,1	25,7	26,3	26,9	27,5	28,1	28,7
89-91	24,7	25,3	25,9	26,5	27,1	27,6	28,2	28,8	29,4
92-94	25,4	26,0	26,6	27,2	27,8	28,4	29,0	29,6	30,2
95-97	26,1	26,7	27,3	27,9	28,5	29,1	29,7	30,3	30,9
98-100	26,9	27,4	28,0	28,6	29,2	29,8	30,4	31,0	31,6
101-103	27,5	28,1	28,7	29,3	29,9	30,5	31,1	31,7	32,3
104-106	28,2	28,8	29,4	30,0	30,6	31,2	31,8	32,4	33,0
107-109	28,9	29,5	30,1	30,7	31,3	31,9	32,5	33,1	33,7
110-112	29,6	30,2	30,8	31,4	32,0	32,6	33,2	33,8	34,4
113-115	30,2	30,8	31,4	32,0	32,6	33,2	33,8	34,5	35,1
116-118	30,9	31,5	32,1	32,7	33,3	33,9	34,5	35,1	35,7
119-121	31,5	32,1	32,7	33,3	33,9	34,5	35,1	35,7	36,4
122-124	32,1	32,7	33,3	33,9	34,5	35,1	35,8	36,4	37,0
125-127	32,7	33,3	33,9	34,5	35,1	35,8	36,4	37,0	37,6

(POLLOCK e WILMORE, 1993)

Tabela 2

Estimativas do percentual de gordura corporal para mulheres, a partir dos fatores idade e soma das dobras cutâneas tricipital, suprailíaca e da coxa

Idade até o Último Ano de Estudo								
Soma das Pregas Cutâneas (mm)	Menos de 22	de 23 a 27	de 28 a 32	de 33 a 37	de 38 a 42	de 43 a 47	de 48 a 52	de 53 a 57	Mais de 58
23-25	9,7	9,9	10,2	10,4	10,7	10,9	11,2	11,4	11,7
26-28	11,0	11,2	11,5	11,7	12,0	12,3	12,5	12,7	13,0
29-31	12,3	12,5	12,8	13,0	13,3	13,5	13,8	14,0	14,3
32-34	13,6	13,8	14,0	14,3	14,5	14,8	15,0	15,3	15,5

Idade até o Último Ano de Estudo								
Soma das Pregas Cutâneas (mm)	Menos de 22	de 23 a 27	de 28 a 32	de 33 a 37	de 38 a 42	de 43 a 47	de 48 a 52	de 53 a 57	Mais de 58
35-37	14,8	15,0	15,0	15,5	15,8	16,0	16,3	16,5	16,8
38-40	16,0	16,3	16,5	16,7	17,0	17,2	17,5	17,7	18,0
41-43	17,2	17,4	17,7	17,9	18,2	18,4	18,7	18,9	19,2
44-46	18,3	18,6	18,8	19,1	19,3	19,6	19,8	20,1	20,3
47-49	19,5	19,7	20,0	20,2	20,5	20,7	21,0	21,2	21,5
50-52	20,6	20,8	21,1	21,3	21,6	21,8	22,1	22,3	22,6
53-55	21,7	21,9	22,1	22,4	22,6	22,9	23,1	23,4	23,6
56-58	22,7	23,0	23,2	23,4	23,7	23,9	24,2	24,4	24,7
59-61	23,7	24,0	24,2	24,5	24,7	25,0	25,2	25,5	25,7
62-64	24,7	25,0	25,2	25,5	25,7	26,0	26,7	26,4	26,7
65-67	25,7	25,9	26,2	26,4	26,7	26,9	27,2	27,4	27,7
68-70	26,6	26,9	27,1	27,4	27,6	27,9	28,1	28,4	28,6
71-73	27,5	37,8	28,0	28,3	28,5	28,8	28,0	29,3	29,5
74-76	28,4	28,7	28,9	29,2	29,4	29,7	29,9	30,2	30,4
77-79	29,3	29,5	29,8	30,0	30,3	30,5	30,8	31,0	31,3
80-82	30,1	30,4	30,6	30,9	31,1	31,4	31,6	31,9	32,1
83-85	30,9	31,2	31,4	31,7	31,9	32,2	32,4	32,7	32,9
86-88	31,7	32,0	32,2	32,5	32,7	32,9	33,2	33,4	33,7
89-91	32,5	32,7	33,0	33,2	33,5	33,7	33,9	34,2	34,4
92-94	33,2	33,4	33,7	33,9	34,2	34,4	34,7	34,9	35,2
95-97	33,9	34,1	34,4	34,6	34,9	35,1	35,4	35,6	35,9
98-100	34,6	34,8	35,1	35,3	35,5	35,8	36,0	36,3	36,5
101-103	35,3	35,4	35,7	35,9	36,2	36,4	36,7	36,9	37,2
104-106	35,8	36,1	36,3	36,6	36,8	37,1	37,3	37,5	37,8
107-109	36,4	36,7	36,9	37,1	37,4	37,6	37,9	38,1	38,4
110-112	37,0	37,2	37,5	37,7	38,0	38,2	38,5	38,7	38,9
113-115	37'5	37,8	38,0	38,2	38,5	38,7	39,0	39,2	39,5
116-118	38,0	38,3	38,5	38,8	39,0	39,3	39,5	39,7	40,0
119-121	38,5	38,7	39,0	39,2	39,5	39,7	40,0	40,2	40,5
122-124	39,0	39,2	39,4	39,7	39,9	40,2	40,4	40,7	40,9
125-127	39,4	39,6	39,9	40,1	40,4	40,6	40,9	41,1	41,4
128-130	39,8	40,0	40,3	40,5	40,8	41,0	41,3	41,5	41,8

(POLLOCK e WILMORE, 1993)

Exemplo: Para uma mulher de 40 anos, com peso corporal de 60kg, cuja soma das três dobras (tr + si + cx) foi 52 mm, o seu percentual de gordura corporal, seguindo a tabela, será de 21,6%; podemos observar que nas tabelas de classificação de percentual de gordura ou de percentagem ideal teórica de gordura corporal este valor está dentro da normalidade.

Tabela de valores normais de percentual de gordura (%G)

Idade (anos)	Sexo masculino			Sexo feminino		
Até 19	6%	a	15%	8%	a	19%
20 a 29	6%		16%	8%		20%
30 a 39	6%		17%	8%		21%
40 a 49	9%	a	18%	10%	a	22%
50 a 59	9%		19%	10%		23%
60 e acima	9%		20%	10%		24%

(Adaptado do ACSM, 1995)

Tabela de valores de percentagem ideal teórica de gordura corporal

Sexo	Magra	Na média	Acima da média	Obesa
Feminino	até 12%	12% a 25%	25% a 30%	> que 30%
Masculino	até 7%	7 % a 15%	15% a 20%	> que 20%

(Adaptado de HEYWARD, STOLARCZYK, 2000)

Após estabelecermos o percentual de gordura por meio das equações citadas anteriormente, podemos agora determinar facilmente os valores para peso da gordura, massa corporal magra, peso ideal teórico e perda desejável de gordura, por meio das seguintes equações:

Peso da Gordura = Peso corporal atual (kg) × % Gordura / 100

Exemplo: Peso da gordura = 60 kg × 21,6% / 100

Peso da gordura = 12,96 kg

Massa Corporal Magra = Peso atual (kg) – Peso da gordura (kg)

Exemplo: Massa corporal magra = 60 kg – 12,96 kg
Massa corporal magra = 47,04 kg

Considerando como valores de percentagem (%) ideal teórica de gordura corporal de 15% para homens e de 25 % para mulheres, podemos através dos resultados obtidos anteriormente calcular o peso ideal teórico e também a perda desejável de gordura. Com relação a atletas, vale ressaltar que existem equações para diversas modalidades desportivas e valores de percentagem (%) ideal teórica de gordura corporal também.

$$\text{Homens} = \frac{\text{Massa corporal magra}}{0,85}$$

Peso Ideal Teórico

$$\text{Mulheres} = \frac{\text{Massa corporal magra}}{0,75}$$

$$\text{Exemplo: Peso ideal teórico mulher} = \frac{47,04}{0,75}$$

Peso ideal teórico = 62,72kg

Perda desejável de gordura = peso corporal atual (kg) – peso ideal teórico (kg)

Exemplo: Peso desejável de gordura = 60 kg – 62,72 kg
Peso desejável de gordura = 2,72 kg

Neste caso, podemos perceber que esta mulher precisa ganhar massa muscular magra ou então fazer uma manutenção, já que o seu percentual de gordura está dentro dos padrões normais ou na média, não necessitando perder peso.

Lembretes

- **Peso da massa corporal magra:** é a quantidade de músculos, ossos e órgãos (vísceras) do organismo.

- **Peso e porcentagem da gordura:** refere-se à massa gorda total do cliente. Vale lembrar que um mínimo de gordura corporal é essencial para algumas funções orgânicas, como proteção dos órgãos vitais contra choques mecânicos, isolamento térmico, produção de hormônios e reserva energética.

Estes são os pontos anatômicos que utilizaremos para medir a espessura de dobras cutâneas:

- **Torácica** – é uma dobra diagonal a ser medida a meia distância entre a linha axilar anterior e o mamilo.

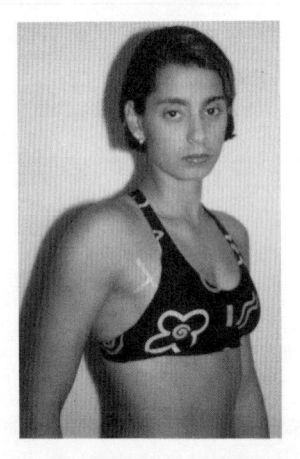 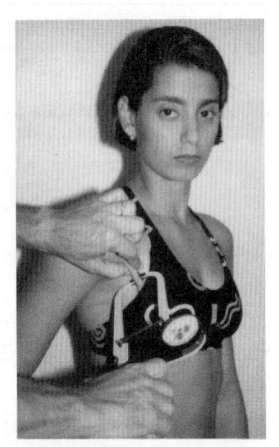

- **Tricipital** – é determinada na face posterior do braço, mas também paralelamente ao eixo longitudinal, sendo o ponto no meio do caminho entre o acrômio e o olecrânio. Um detalhe: o braço deve estar em extensão e relaxado.

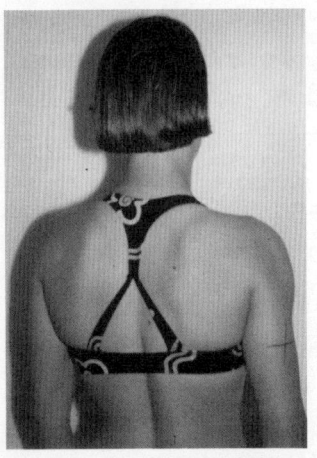 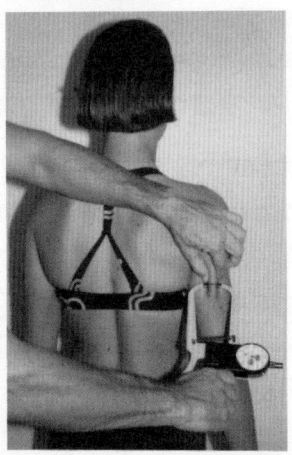

- **Suprailíaca** – obtida na metade da distância entre a crista ilíaca e o último arco costal, sobre a linha axilar média. Um detalhe importante é que o cliente afaste levemente o braço direito para trás, para permitir a medida.

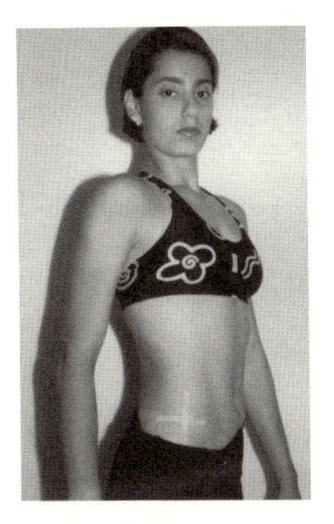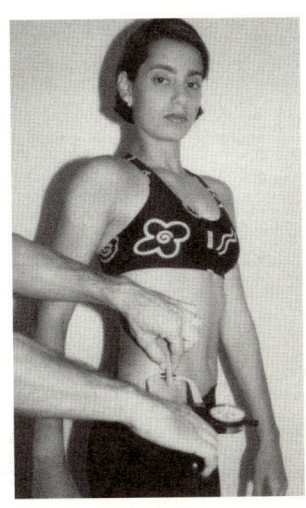

- **Abdominal** – está a dois centímetros à direita da borda lateral da cicatriz umbilical, paralela ao eixo longitudinal do corpo.

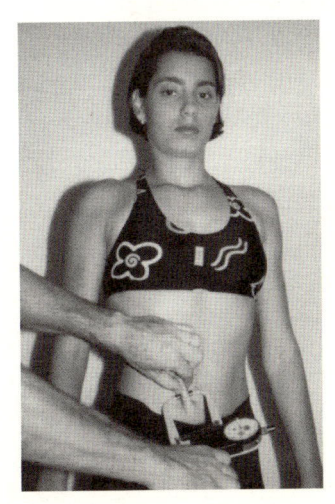

- **Coxa** – é determinada sobre o músculo reto femoral, a dois terços da distância entre o ligamento inguinal e a borda proximal da rótula.

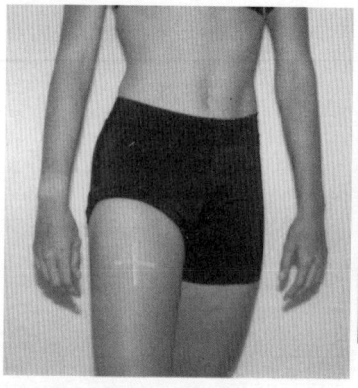 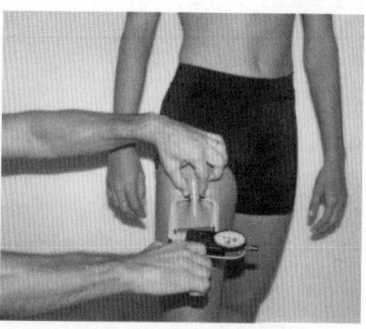

Algumas observações importantes ao realizar as tomadas das dobras cutâneas

As medidas de espessura das dobras cutâneas devem ser sempre realizadas na parte direita do cliente, em que ele ficará em posição ortostática e relaxado.

Utilizando o dedo indicador e o polegar da mão esquerda para diferenciar o tecido celular subcutâneo do tecido muscular, estando mais ou menos a um centímetro abaixo do ponto de análise preso pelos dedos, introduzimos as pontas do compasso, para depois de dois segundos fazermos a leitura. Procure fazer a medição no cliente certificando-se de que sua pele esteja seca no local de análise (use uma toalha ou pano para secar o local da tomada, caso seja necessário) – é mais fácil para o avaliador segurar com firmeza.

É importante observar se as hastes do compasso estão perpendiculares à superfície da pele no local da medida. Devem ser feitas três medidas, mas não precisam ser consecutivas de cada dobra escolhida. O valor virá em milímetros (mm). Depois faremos uma média das três medidas obtidas em cada local. Caso encontremos uma diferença superior a 5% entre uma medida e as demais realizadas no mesmo ponto, devemos medir novamente. O importante é utilizar sempre a mesma padronização para que possam ser feitas comparações ao longo do tempo.

Os dois valores obtidos, suprailíaco e abdominal, caso opte pela primeira opção, serão utilizados como valor absoluto, com isso fica mais fácil de comparar isoladamente a espessura de cada uma, dando assim uma noção da distribuição da gordura nessa região.

Caso haja oportunidade, é interessante uma avaliação por bioimpedância (bia). É um método rápido, que se baseia no princípio de que uma resistência a uma corrente elétrica está inversamente relacionada à distribuição da água corporal total e dos eletrólitos, ou seja, permite a diferenciação entre a massa corporal magra e a gordura. É contraindicado para gestantes e pessoas com próteses e marca-passos.

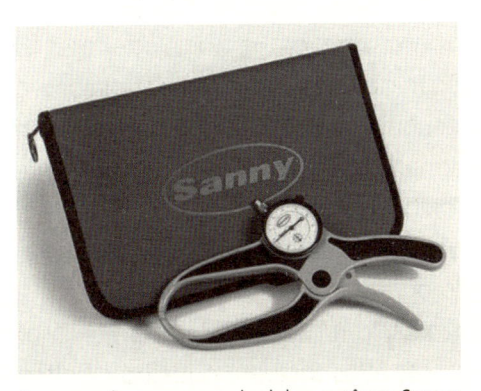

Imagem do compasso de dobra cutânea Sanny

Dando continuidade, faremos um teste de resistência muscular localizada (R.M.L.), que permite medir as capacidades físicas do cliente, qualidades estas que são úteis na vida cotidiana ou na prática de qualquer esporte. A R.M.L. pode ser dividida em resistência muscular aeróbica localizada (R.M.A. L) e resistência muscular anaeróbica localizada (R.M.An. L). A primeira deve ter duração mínima de 180 segundos e intensidade moderada. A segunda deve ter duração máxima de até 180 segundos e intensidade máxima. Lembrando que para clientes não treinados a duração citada não é válida, pois pode chegar à exaustão em poucos segundos, neste caso o resultado é a R.M.A.L.

Os testes de R.M.A.L ou R.M. An.L. podem ser medidos de três maneiras, em função da variável a ser observada:
1. Determinando um tempo mais ou menos longo (de 60 a 240 segundos) e medindo-se o número de repetições realizadas.
2. Determinando um número grande de repetições (por exemplo: 50 repetições) e medindo-se o tempo gasto para a realização dessas repetições.
3. Contando-se o número máximo de repetições que o testado pode conseguir realizar de forma contínua até a exaustão.

Um teste clássico para o nosso caso é o teste abdominal ou flexão do tronco sobre os membros inferiores flexionados, em que, na posição inicial, a pessoa a ser testada deverá se encontrar deitada em decúbito dorsal (barriga para cima) com os membros inferiores flexionados, pés apoiados no solo, fixados ou não pelo avaliador, os joelhos formando um ângulo de 90°, calcanhares a 30 centímetros dos glúteos e membros superiores cruzados na altura do peito ou então com as mãos na nuca.

Para executar o movimento, basta flexionar o tronco e o quadril até os cotovelos tocarem o joelho e voltar à posição inicial, ou seja, quando as escápulas tocarem o solo. Para efeito de contagem, vale 1 ponto cada vez que repetir o movimento corretamente. Quanto ao resultado, fica ao seu critério, pois como citei existem três formas de aplicar o teste.

Atenção

Há muitos comentários sobre este teste, pois, mesmo com os membros inferiores flexionados, caso estejam fixados os pés, poderá provocar uma ação lordotizante, além de permitir ao cliente realizar o movimento com a musculatura flexora do quadril; sendo assim, o ideal é que os pés não estejam fixos durante o teste. Além disso, com o teste tendo uma duração menor, o movimento deverá ser executado mais rápido, consequentemente, a fadiga será mais rápida. A ação da musculatura abdominal, devido ao fato de a musculatura flexora do quadril ser mais forte, é feita através de uma contração estática com o objetivo de não permitir a basculação anterior da pelve.

Observações importantes para se realizar corretamente o teste:

1. O cliente deve expirar na subida e inspirar na descida.
2. Não pode descansar entre os movimentos.
3. Antes de iniciar um novo movimento, as escápulas deverão tocar o solo.
4. Os pés podem elevar-se um pouco do solo, quando não estiverem fixados.
5. Use colchonete, tapete ou similar, o importante é que o lugar deve ser plano.
6. A não fixação dos pés e também a pouca ou nenhuma aproximação do cotovelo com os joelhos faz com que não se utilize a musculatura flexora do quadril.
7. A falha desse teste é que ele usa tanto a musculatura do abdome como os flexores do quadril.
8. Os braços cruzados na altura do peito ou a mão na nuca servem para isolar o auxílio que os membros superiores poderiam dar ao movimento.

9. Preste atenção na posição da cabeça, procure não flexioná-la nem para frente, nem para trás. Peça ao cliente para fixar o olhar em um ponto qualquer.
10. Caso o cliente seja iniciante ou possua alguns problemas na coluna, faça algumas adaptações no teste. Como sugestão, converse com um profissional de educação física, fisioterapia ou de medicina.

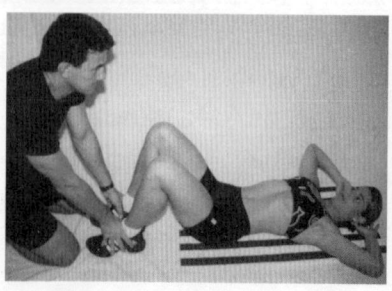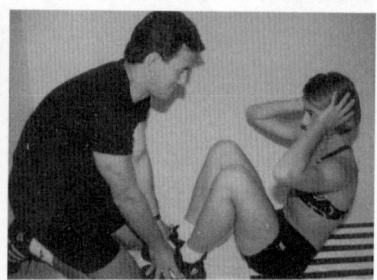

Classificação para Homens

Idade	Excelente	Acima da Média	Média	Abaixo da Média	Ruim
15-19	>ou=48	42 a 47	38 a 41	33 a 37	<ou=32
20-29	>ou=43	37 a 42	33 a 36	29 a 32	<ou=28
30-39	>ou=36	31 a 35	27 a 30	22 a 26	<ou=21
40-49	>ou=31	26 a 30	22 a 25	17 a 21	<ou=16
50-59	>ou=26	22 a 25	18 a 21	13 a 17	<ou=12
60-69	>ou=23	17 a 22	12 a 16	7 a 11	<ou=6

Classificação para Mulheres

Idade	Excelente	Acima da Média	Média	Abaixo da Média	Ruim
15-19	>ou=42	36 a 41	32 a 35	27 a 31	<ou=26
20-29	>ou = 36	31 a 35	25 a 30	21 a 24	<ou = 20
30-39	>ou = 29	24 a 28	20 a 23	15 a 19	<ou=14
40-49	>ou=25	20 a 24	15 a 19	7 a 14	<ou=6
50-59	>ou=19	12 a 18	5 a 11	3 a 4	<ou=2
60-69	>ou=16	12 a 15	4 a 11	2 a 3	<ou=1

(POLLOCK e WILMORE, 1993)

Outro teste interessante que foi criado por dois médicos, Kraus e Weber, serve para testar a força do músculo psoas, do músculo ilíaco e da porção infraumbilical dos músculos abdominais (M. transverso do abdome, M. reto do abdome, M. oblíquo externo, M. oblíquo interno). Este movimento, segundo os autores, é muito importante também para testar se um indivíduo é portador de lordose acentuada ou não. Partindo da posição inicial, decúbito dorsal, mãos na nuca ou paralelas ao corpo, coluna fixada ao solo e com os membros inferiores unidos e completamente estendidos. Elevar os membros inferiores uns 10 cm do solo e mantê-los elevados por 10 segundos. A contração muscular é totalmente isométrica, em que o cliente procura "encolher" ao máximo o abdome. A classificação será igual ao número de segundos que o indivíduo conseguir ficar na posição, ou seja, de zero a > 16 segundos.

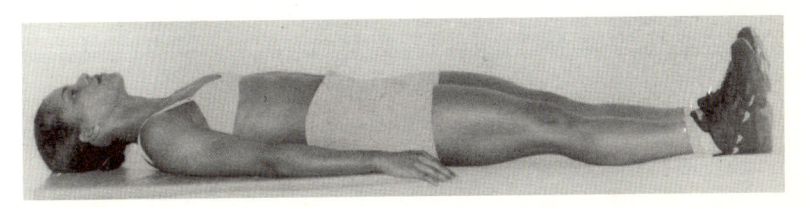

Tabela de classificação de acordo com o número de segundos que consegue manter os MMII elevados do solo

Tabela de Classificação Homens e Mulheres	
Tempo em segundos	**Classificação**
Não consegue elevar os MMII do solo	Ruim
< 05 seg	Abaixo da média
06 a 10 seg	Média
11 a 15 seg	Acima da média
> 16 seg	Excelente

(Tabela criada por DOMINGUES FILHO, 2000)

Para finalizar, criaremos uma outra ficha em forma de agenda que será a do controle (diário ou não). Nela tem que constar o básico da sua rotina, como: data, mês, ano, horário, relatório da sua atividade naquele dia, sintomas.

Exemplo:

DATA: 03/05/07
HORÁRIO: 7:00 am
SINTOMAS: nenhum
EXERCÍCIOS: 30 min de bicicleta ergométrica
         FC treino = 135 bpm a 155 bpm
         6x 20 abdominais (2 estáticos e 4 dinâmicos)
         10 min de alongamento

Exemplo de ficha de avaliação e evolução da aptidão física:

FICHA DE AVALIAÇÃO E EVOLUÇÃO
DA APTIDÃO FÍSICA

Nome: _____ Idade: _____
Data da avaliação: _____/____/_____ Sexo: _____
Observação: _____

Avaliação antropométrica

Peso corporal (kg) _____ Estatura _____(cm)

Circunferências (cm)

Cintura: _____ Abdome: _____ Quadril: _____

Dobras cutâneas (mm)

Torácica: _____ Supbrailíaca: _____
Tricipital: _____ Abdominal: _____
Coxa: _____

Resultados

Índices
Índice de Relação Cintura Quadril (cm) _____
Índice de Conicidade _____

Composição Corporal
Percentual de gordura corporal (%) _____
Peso da massa corporal magra (kg): _____
Peso da gordura corporal (kg): _____
Peso ideal teórico (kg): _____
Perda desejável de gordura (kg): _____

Avaliação neuromotora

Teste de força e resistência abdominal ____ Classificação: _____
Teste de força abdominal isométrica ____ Classificação: _____

Referências bibliográficas

AaBERG, E. **Musculação: biomecânica e treinamento**. São Paulo: Manole, 2001.

ABE, T.; KUSUHARA, N.; YOSHIMURA, N.; TOMITA, T.; EASTON, P. A. **Differential respiratory activity of four abdominal muscles in humans**. Journal *Applied Physiology*, v. 80, n° 4, pp. 13794389, 1996.

ALFIERI, R. G.; DUARTE, G. M. **Exercício e coração**. Rio de Janeiro: Cultura Médica, 1993.

ALMEIDA, R. T; ALMEIDA, M. M. G; ARAÚJO, T. M. Obesidade abdominal e risco cardiovascular: desempenho de indicadores antropométricos em mulheres. **Arquivo Brasileiro de Cardiologia**, v. 92, N° 5, pp. 375-380, 2009.

AMERICAN COLLEGE OF SPORTS MEDICINE (ACSM). **Manual de pesquisa das diretrizes do ACSM para testes de esforço e sua prescrição**. 4ª edição, Rio de Janeiro: Guanabara Koogan, 2003.

AMERICAN COLLEGE OF SPORTS MEDICINE (ACSM). **Guidelines for exercise testing and prescription**. 5th edition, Philadelphia: Williams & Wilkins, 1995.

ARTAL, R.; BUCKENMEYER, P. **Exercises during pregnancy and postpartum**. Contempt OB / GYN, n° 1, pp. 36-50, 1995.

BARTECK, O. **En forma con fitness**. Espanha: Minemann, 1999.

EDWARDS, S. **O livro do monitor de frequência cardíaca**. Rio de Janeiro: Polar, 1994.

CALVERT AF, BERNSTEIN L, BAILEY IK. **Physiological responses to maximal exercise in a normal Australian population--comparative values in patients with anatomically defined coronary artery diseases.** Australian and New Zealand journal of medicine. v.7 n° 5, pp.497-506, 1977.

GARCIA, V.; GRENIER, S. G.; McGILL, S. M. **Abdominal muscle response during curl-ups on stable surfaces**. Physius Therapy, v. 80, pp. 564-569, 2000.

HEYWARD, V. H; STOLARCZYK, L.M. **Avaliação da composição corporal aplicada**. São Paulo: Manole, 2000.

HOSSACK KF, KUSUMI F, BRUCE RA. **Approximate normal standards of maximal cardiac output during upright exercise in women**. American Journal of Cardiology . v.47, nº 5, pp1080-1086, 1981.

JACKSON, A. S.; POLLOCK, M. L. **Generalized equations for predicting body density of men**. British *Journal of Nutrition*, v. 40, pp. 497. 504, 1978.

JACKSON, A. S.; POLLOCK, M. L.; WARD, A. **Generalized equations for predicting body density of women**. *Medicine and science in sports and exercise*, v. 12, pp. 175-182, 1980.

JONES NL. **Clinical exercise testing. Philadelphia,** W.B. Saunders, 1975.

JUKER, D.; McGILL, S.; KROPF, P.; STEFFEN, T. **Quantitative intramuscular myoelectric activity of lumbar portions of psoas and the abdominal wall during a wide variety of tasks**. *Medicine and Science in Sports and Exercise*, v. 30, nº 2, pp. 301-310, 1998.

KARVONEN, M.; KENTALA, E.; MUSTALA, O. **The effects of training on heart rate: a longitudinal study**. *Annales Medicinae Experimentalis et Biologiae Fenniae*,, v. 35, pp. 307-305, 1957.

MESQUITA, L. A.; MACHADO, A. V.; ANDRADE, A. V. **Fisioterapia para redução da diástase dos músculos retos abdominais no pós-parto**. *Revista Brasileira de Ginecologia e Obstetrícia*, v. 21, nº 5, pp. 267-272,1999.

McARDLE, W. D.; KATCH, F. I.; KATCH, V. L. **Fisiologia do Exercício: Energia, Nutrição e Desempenho Humano**. Rio de Janeiro: Guanabara Koogan, 1998.

NEGRAO, C. E.; BARRETTO, A. C. P. **Cardiologia do exercício: Do atleta ao cardiopata**. São Paulo: Manole, 2005.

PITANGA, F. J. G; LESSA, I. Sensibilidade e especificidade do índice de conicidade como discriminador do risco coronariano de adultos em Salvador, Brasil. **Revista Brasileira de Epidemiologia**, v.7, n° 3, pp. 259-269, 2004.

POLLOCK, M. H.; WILMORE, J. H. **Exercícios na saúde e na doença: avaliação e prescrição para prevenção e reabilitação**. Rio de Janeiro: Medsi, 1993.

SHEFFIELD LT; HOLT JH; REEVES TJ. **Exercise graded by heart rate in electrocardiographic testing for angina pectoris.** Circulation. n° 32, pp.622-629. 1965

WILMORE, J. H.; COSTILL, D. L. **Fisiologia do esporte e do exercício**. São Paulo: Manole, 2001.

CAPÍTULO II

Anatomia da Musculatura Abdominal

Flavio Marino Greggio
Anatomista
Mestre em Anatomia Humana – LISP
Docente universitário
51 greggio50@terra. com.br

O nosso corpo é formado de vários sistemas, e cada um deles possui funções importantes. Por exemplo:

- O sistema esquelético forma o esqueleto, que suporta todo o corpo e serve de alavanca para os movimentos.
- O sistema muscular produz os movimentos, devido à sua capacidade de contração, amplitude, alongamento e relaxamento. Estão ligados aos ossos e passam sobre as articulações.
- O sistema circulatório fornece alimento e oxigênio aos músculos.
- O sistema nervoso produz estímulos no músculo.

Com a união desses sistemas, o corpo produz vários tipos de movimentos que podem ou não atuarem de forma negativa sobre a coluna vertebral e, consequentemente, sobre todo o organismo.

Entre a caixa torácica e a pelve, existe um espaço, ocupado por vísceras pesadas, não existindo nenhum segmento ósseo próprio de sustentação em torno delas à exceção das vértebras lombares da coluna vertebral que estão medianamente na parede posterior do abdome, mais corretamente nomeada região lombar do dorso. A metade do peso corporal se acha em equilíbrio estável sobre a coluna lombar, daí a grande importância da musculatura abdominal ser exercitada, pois ela reveste as paredes: anterior, posterior e lateral do abdome. É também responsável pela nossa postura, apoio e auxílio ao diafragma na respiração, digestão, sustentação e proteção dos órgãos contra choques e traumatismos, além dos movimentos de inclinação para a frente, para os lados, rotações e elevação do tronco quando se está deitado.

Existem três músculos da parede anterolateral do abdome que anatomicamente se dispõem em três camadas. A mais externa é formada pelo **Músculo Oblíquo Externo**, a média é formada pelo **Músculo Oblíquo Interno** e a mais profunda é formada pelo **Músculo Transverso do Abdome**. Conhecemos ainda o **Músculo Reto do Abdome**, que é próprio da parede anterior do abdome, e o **Músculo Quadrado do Lombo**, próprio da parede posterior do abdome.

Com a finalidade de facilitar a compreensão, discorreremos um pouco sobre os músculos que compõem a parede abdominal.

Oblíquo Externo do Abdome

É um músculo par, plano, que se localiza aproximadamente entre o músculo reto do abdome e latíssimo do dorso, formando a parede anterolateral do abdome. Suas fibras se dispõem inclinadas, ou seja, oblíquas aos dois planos laterais que delimitam a posição anatômica de estudo do corpo humano; é o músculo que cobre a parte anterior e lateral do abdome. Origina-se nas oito costelas inferiores, interdigitando-se com os Mm. Serrátil Anterior e Latíssimo do Dorso, e a sua inserção é na crista ilíaca do osso do quadril, **ligamento inguinal** (deixando a esta altura um espaço entre suas fibras que dá formação ao anel inguinal) e através da **bainha do M. reto do abdome** na **linha alba.** A inervação é proveniente dos seis nervos intercostais inferiores e o nervo subcostal. Sua ação através das fibras anteriores flexiona o tronco e realiza a rotação para o lado oposto. Já com suas fibras laterais produz a flexão lateral ou inclinação do tronco.

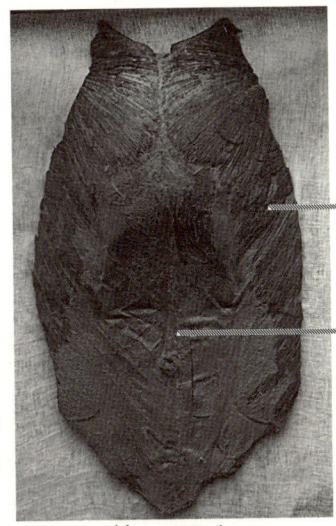

Fibras musculares do músculo oblíquo externo

Linha alba

Vista anterior da parede do abdome.

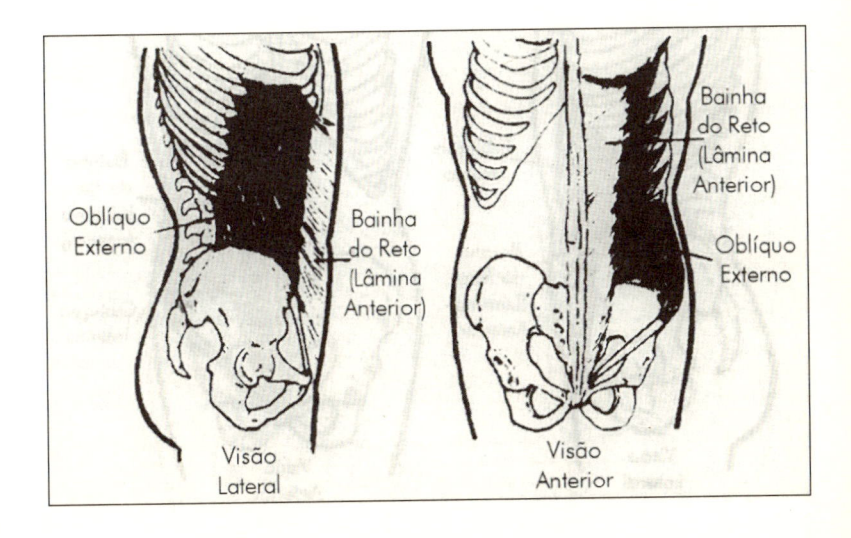

Oblíquo Externo

Bainha do Reto (Lâmina Anterior)

Visão Lateral

Bainha do Reto (Lâmina Anterior)

Oblíquo Externo

Visão Anterior

Oblíquo Interno do Abdome

Músculo também par, plano, situado internamente ao músculo descrito, suas fibras musculares também se dispõem inclinadas e em sentido inverso ou cruzado ao das fibras do M. oblíquo externo. Contribui para a formação da parede antero-lateral do abdome. Sua origem está na aponeurose toracolombar, dois terços anteriores da crista ilíaca e terço lateral do ligamento inguinal e sua inserção nas três últimas costelas, última cartilagem costal (juntamente com o processo xifoide do osso esterno), linha pectínea do osso do quadril, bainha do M. reto do abdome e linha alba. A inervação é proveniente dos seis nervos intercostais inferiores e o primeiro

Fibras musculares do músculo oblíquo interno

Vista anterior da parede do abdome.

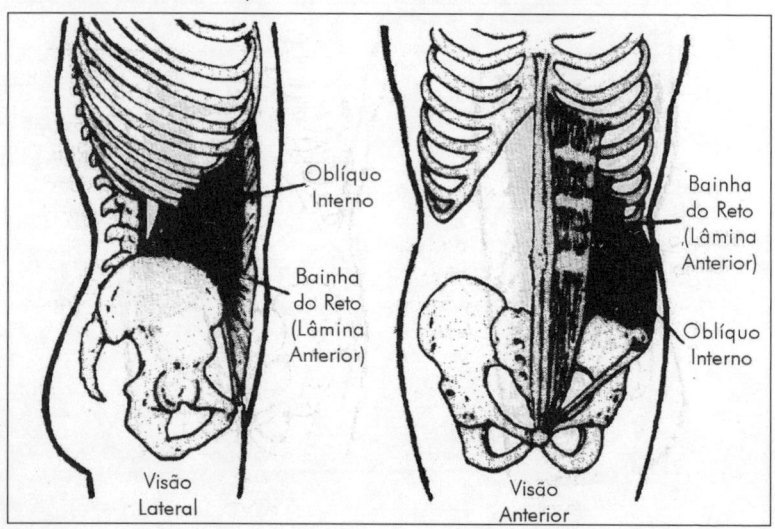

Oblíquo Interno

Bainha do Reto (Lâmina Anterior)

Visão Lateral

Bainha do Reto (Lâmina Anterior)

Oblíquo Interno

Visão Anterior

nervo lombar. Sua ação, quando realizada com ênfase às fibras anteriores, flexiona a coluna e também realiza a rotação para o mesmo lado. Com suas fibras laterais produzem a flexão lateral ou inclinação do tronco.

Transverso do Abdome

Como os demais descritos, é um músculo par, plano e suas fibras se dispõem horizontalmente. A fixação em origem está nas cartilagens das seis costelas inferiores, aponeurose toracolombar, processos costiformes das vértebras lombares, crista ilíaca e ligamento inguinal e sua inserção se dá na linha alba através da formação chamada de bainha do M. reto do abdome. O M. transverso do abdome tem inervação proveniente dos seis nervos intercostais inferiores e o primeiro nervo lombar. A ação deste músculo é comprimir as vísceras abdominais e contribui na micção, defecação, vômito, tosse, parto e na expiração forçada. Ele não contribui efetivamente para a movimentação do tronco.

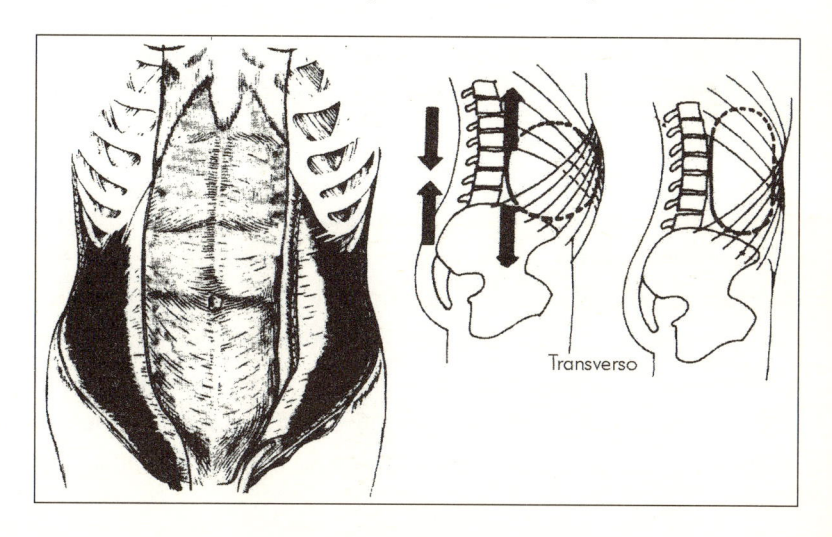

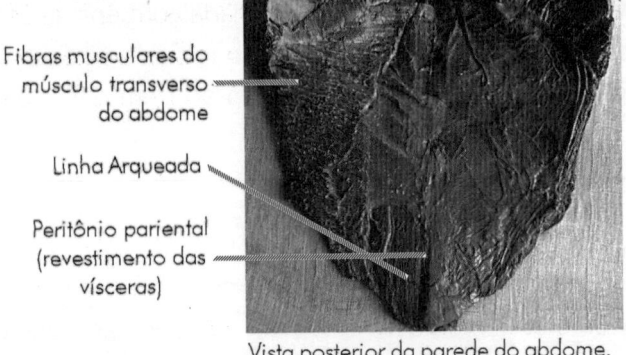

Fibras musculares do músculo transverso do abdome

Linha Arqueada

Peritônio pariental (revestimento das vísceras)

Vista posterior da parede do abdome.

Reto do Abdome

É um músculo par, suas fibras musculares são longitudinais e interrompidas por diminutas aponeuroses no sentido transverso chamadas de intersecções tendíneas, formando vários ventres pequenos, cada um deles com uma considerável seção transversa ao longo da parte anterior da parede abdominal. A origem (inserção superior) deste músculo está nas cartilagens da V, VI e VII costelas e processo xifoide do osso esterno e a inserção (inserção inferior) prende-se à sínfise púbica e crista púbica do osso do quadril. Este músculo é inervado pelos seis nervos intercostais inferiores e sua ação principal é a flexão do tronco.

Comumente quando é descrita a parede anterior do abdome com o músculo reto também é interessante citar o músculo chamado de **Piramidal**, que é pequeno e triangular, e ausente em aproximadamente 20% dos humanos. Ele se situa anterior à parte inferior do M. reto do abdome e tem origem na face anterior do ramo do púbis juntamente como ligamento púbico superior; já a inserção é presa à linha alba numa distância variável superiormente à sínfise púbica e inferiormente ao anel umbilical. Muito controversa e discutida é a real e efetiva ação deste delicado músculo, ao que tudo indica ele estica a linha alba e estabiliza a sínfise púbica nos movimentos do tronco.

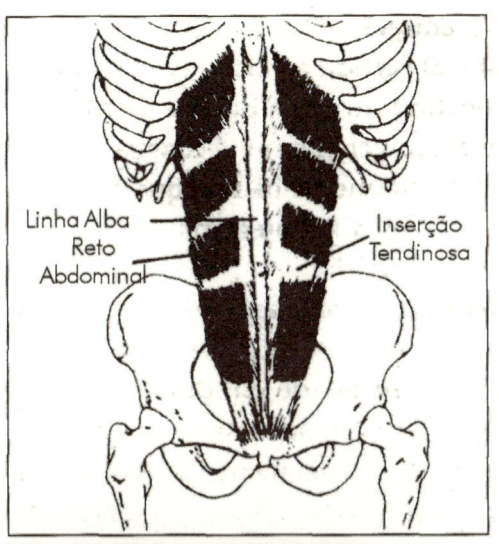

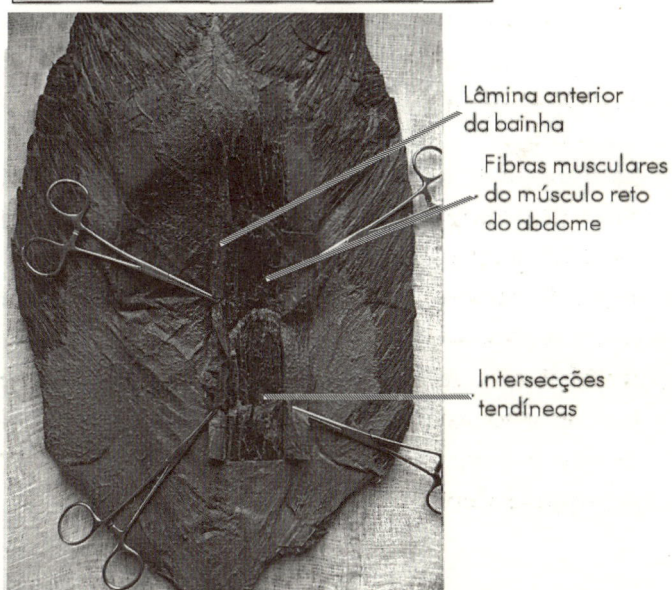

Vista anterior da parede do abdome.

O M. reto do abdome é envolvido por uma particular formação montada pelas aponeuroses de inserções dos músculos planos da parede do abdome já descritos, que ao transpassarem pelos ventres deste músculo anteriormente e posteriormente se entrelaçam com a do lado oposto formando uma rafe (costura) vertical e mediana, chamada de **linha alba.** Contudo, a constituição desta **bainha do** M. **reto do abdome** é diferente de acordo com o nível considerado da parede abdominal; aproximadamente os três quartos superiores desta bainha são formados diferentemente do quarto inferior restante da seguinte maneira:

- na parte mais superior, a aponeurose de inserção do M. oblíquo interno, quando encontra a margem lateral do M. reto do abdome, se divide em dois folhetos: um anterior que se funde com a aponeurose de inserção do M. oblíquo externo passando anteriormente ao ventre do M. reto, constituindo a **lâmina anterior** deste músculo; o folheto posterior funde-se com a aponeurose de inserção do M. transverso do abdome envolvendo o M. reto posteriormente, constituindo assim a **lâmina posterior** da bainha deste músculo.

- na parte mais inferior, as aponeuroses de inserções dos três músculos da parede lateral do abdome se fundem na margem lateral do M. reto e passam anteriormente a ele, constituindo a **lâmina anterior** da bainha; já a **lâmina posterior** da bainha é somente a própria fáscia muscular posterior do M. transverso do abdome. O limite anatômico em que estas três aponeuroses passam a formar a lâmina anterior da bainha do M. reto do abdome é apontado por uma linha recurvada denominada **linha arqueada.**

Quadrado do Lombo

Estes músculos também se apresentam bilateralmente na parede posterior do abdome, de forma quadrilátera bem característica com as disposições de suas fibras em sentidos particularmente distintos. Está fixado em origem no terço medial e posterior da crista ilíaca e ligamento iliolombar, já a sua inserção está na XII costela e processos costiformes das quatro vértebras lombares superiores. Recebe ativação motora pelo N. subcostal e ramos do plexo lombar. A ação do M. quadrado do lombo, variando o ponto fixo e o ponto móvel, é de elevação da hemipelve e abaixamento da última costela do mesmo lado onde ele se instala, entretanto de maneira global este músculo realiza flexão lateral da região lombar da coluna vertebral.

As fibras desses músculos estendem-se em direções diferentes conforme mostra o desenho, proporcionando-lhes uma força excepcional. Infelizmente, ainda são poucas as pessoas à nossa volta que executam os variados movimentos necessários para fortalecer essa musculatura. Foi pensando nisso que foram separadas e sugeridas algumas ações gerais desses músculos:

- Quando o M. reto do abdome se contrai, produz a flexão da coluna vertebral, ou seja, aproxima o tórax da pelve e vice-versa.
- Quando há contração simultânea, as fibras dos Mm. oblíquos externos e internos de ambos os lados reforçam a ação do M. reto do abdome na flexão do tronco.
- Todos os músculos da parede do abdome atuam na respiração, na sustentação visceral e principalmente na postura.
- Além do equilíbrio postural, tem relevante papel a musculatura do abdome quando associada às contrações dos Mm. glúteos, pois são responsáveis pela retificação da lordose ou hiperlordose lombar.

- O músculo transverso do abdome é um verdadeiro "cinturão" e atua sobre a estática humana.
- A inclinação lateral do tronco acontece quando as contrações dos Mm. oblíquos externos e internos são realizadas somente de um lado.
- Os Mm. oblíquos são rotadores ou giratórios do tronco, devido à obliquidade de suas fibras.
- Os Mm. oblíquos externos são rotadores para o lado oposto e os Mm. oblíquos internos, para o mesmo lado.
- Os músculos da parede anterolateral do abdome são geralmente antagonistas dos músculos próprios do dorso.
- Os Mm. quadrados do lombo, apesar de estarem na parede posterior do abdome e em algumas situações trabalharem em conjunto com os músculos próprios do dorso da região lombar, podemos entender que auxiliam eficazmente os músculos oblíquos nas flexões laterais do tronco.

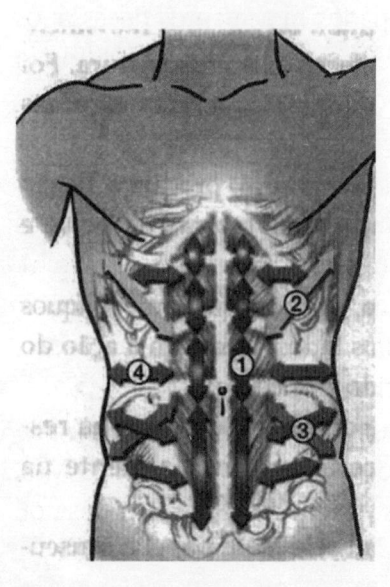

1. Músculo reto do abdome.
2. Músculo oblíquo externo do abdome.
3. Músculo oblíquo interno do abdome.
4. Músculo transverso do abdome.

Visão anterior das fibras musculares do abdome em suas diferentes direções.

É importante ressaltar os músculos flexores do quadril e do assoalho da pelve, sendo que os principais são:

M. iliopsoas (M. Ilíaco e M. Psoas Maior) – sua ação principal é de flexor do quadril e puxa as vértebras lombares anteriormente, acentuando a lordose lombar de acordo como se encontra essa parte ao se iniciar a contração. Estes músculos possuem fixações de origens diferentes: o M. psoas maior nos corpos, discos intervertebrais e processos costiformes das cinco vértebras lombares e a face lateral do corpo da última vértebra torácica; o M. ilíaco na fossa ilíaca do osso do quadril. A inserção conjunta destes dois ventres musculares é no trocanter menor do fêmur; por causa disso são descritos funcionalmente como um único músculo, iliopsoas, que é inervado por ramos do N. femoral.

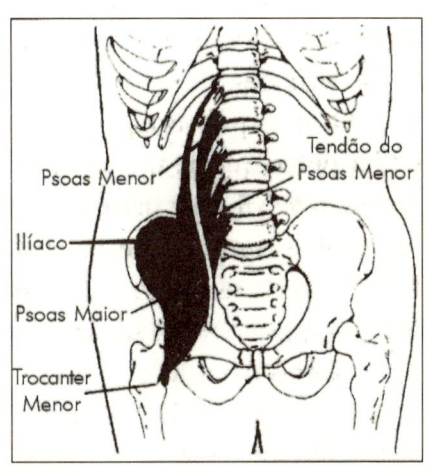

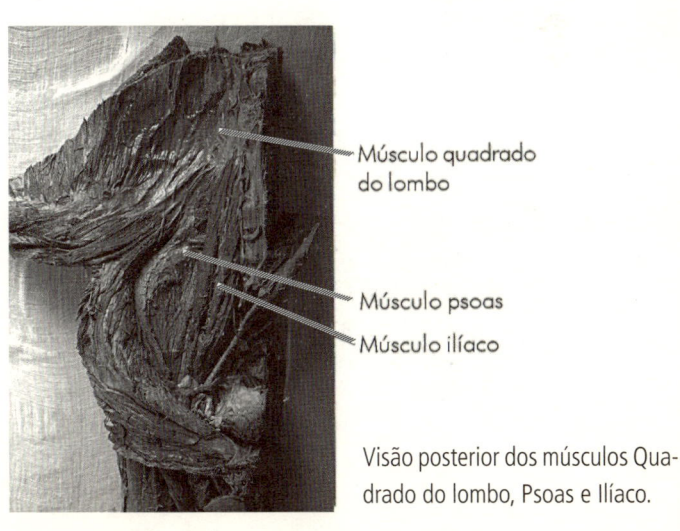

Visão posterior dos músculos Quadrado do lombo, Psoas e Ilíaco.

Assoalho da Pelve

O assoalho da pelve é formado por um conjunto de músculos nomeado de **diafragma da pelve**, que é constituído pelos músculos **levantador do ânus** e **isquiococcígeo**, e ainda pelas fáscias superior e inferior que recobrem este conjunto muscular. O diafragma da pelve estende-se entre a parte púbis do osso do quadril anteriormente, o cóccix posteriormente e de uma parede lateral da pelve até a outra, o que dá ao diafragma da pelve a aparência de um funil suspenso a partir destas fixações.

O M. isquiococcígeo é uma pequena parte do diafragma da pelve que se fixa em origem na espinha isquiática do osso do quadril e faz inserção na extremidade inferior do sacro, juntamente com a parte mais superior do cóccix. Apesar de ter ação restrita e não muito estudada e descrita até hoje, sabemos que este músculo com o M. levantador do ânus suporta as vísceras pélvicas e mobiliza discretamente o osso cóccix.

O M. levantador do ânus é uma lâmina muscular larga que condiz com a maior e mais importante parte do diafragma da pelve; esta estrutura anatômica que praticamente monta todo o assoalho da pelve é formada por três partes:

- M. pubococcígeo é a parte principal do músculo levantador do ânus; está fixado em origem na face posterior do corpo do púbis e projeta-se no sentido posterior quase horizontalmente.
- M. puborretal, que consiste na parte mais medial e espessada do M. pubococcígeo, une-se ao seu par contralateral para formar uma alça muscular em forma de U que passa posteriormente à junção anorretal.
- M. iliococcígeo é a parte posterior do M. levantador do ânus, é delgado e frequentemente muito pouco desenvolvido no humano.

O músculo levantador do ânus forma uma alça muscular que suporta as vísceras abdominopélvicas e resiste a aumentos da pressão intra-abdominal, auxiliando na ação do M. diafragma e ainda ajuda a manter as vísceras pélvicas instaladas em posição anatômica adequada. Atuando juntas, as partes do M. levantador do ânus elevam o assoalho da pelve, auxiliando, deste modo, a ação dos músculos da parede do abdome na compressão dos conteúdos do abdome e da pelve. Esta ação é parte importante da expiração forçada, espirro, tosse, vômito, defecação, micção e sustentação do tronco durante movimentos amplos dos membros superiores. Este músculo complexo recebe ativação nervosa de ramos do nervo pudendo e das raízes sacrais inferiores.

Visão dos músculos da camada superficial do assoalho pélvico feminino, vista inferior (SOBOTTA, 2000).

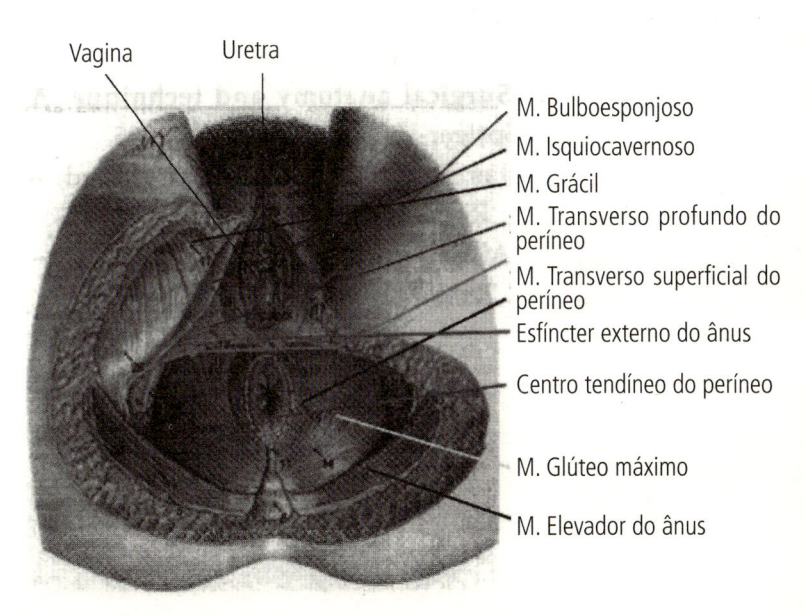

Visão dos músculos da camada superficial do assoalho pélvico feminino, vista inferior (SOBOTTA, 2000).

Referências bibliográficas

DRAKE, R. L.; VOGL, W.; MITCHELL, A. W. M. **Gray's anatomia para estudantes**. Rio de Janeiro: Elsevier, 2005.

DUFOUR, M. **Anatomia do aparelho locomotor. Volumes 1 e 3**. Rio de Janeiro: Guanabara Koogan, 2003.

FREITAS, V. **Anatomia: conceitos e fundamentos**. Porto Alegre: Artmed, 2004.

KAHLE, W.; LEONHARDT, H.; PLATZER, W. **Color Atlas and Textbook of Human Anatomy**. New York: Thieme, 1986.

MOORE, K. L.; DALLEY, A. F. **Anatomia orientada para a clínica**. 4ª ed. Rio de Janeiro: Guanabara Koogan, 2001.

NETTER, F. **Atlas de anatomia humana**. 2ª ed. Rio de Janeiro: Guanabara Koogan, 2000.

SKANDALAKIS, J. E.; SKANDALAKIS, P. N.; SKANDALAKIS, J. L. **Surgical anatomy and technique. A pocket manual**. New York: Spriger-Verlag, 1995.

SOBOTTA, J. **Atlas de anatomia humana**. 20ª ed. Rio de Janeiro: Guanabara Koogan, 2000.

TERMINOLOGIA ANATÔMICA INTERNACIONAL. São Paulo: Manole, 2002.

Capítulo III

Tipos de contrações, trabalhos e ações musculares

Flavio Marino Greggio
Anatomista
Mestre em Anatomia Humana – USP
Docente universitário
51greggio50@terra.com.br

Luiz Antonio Domingues Filho
Mestre em Educação Física, na área de performance *humana – UNIMEP*
Especialista em Administração, Engenharia e Marketing *Desportivo – UGFRJ*
Personal trainer *da In Forma: Centro de Atividade Corporal – Santos-SP*
dominguesfilho@uol.com.br

Os músculos esqueléticos são responsáveis pela contração e pelo relaxamento; quando estimulados, contraem; ao contrário, relaxam.

Durante a execução dos exercícios abdominais pelo praticante, são realizadas contrações, trabalhos e ações musculares. A força desenvolvida através das contrações, dos trabalhos e das ações musculares são resultantes de um estímulo elétrico enviado pelos nervos da área do cérebro que controla o movimento. Porém, este controle neural que atua nestas contrações são bastante complexos, principalmente quando está relacionado às adaptações sofridas com o treinamento.

É importante lembrar que contração muscular se refere ao desenvolvimento da rigidez no interior de um determinado feixe muscular (WEINECK, 1999). Estas contrações podem ser divididas em:

A. Contração muscular isométrica – é aquela que não resulta em movimento. No caso dos músculos, não há alongamento e nem encurtamento, apenas uma rigidez interna no músculo (a contração muscular não é visível).

B. Contração muscular isotônica – é aquela que resulta em movimento. No caso dos músculos, há um alongamento e um encurtamento, mas sem mudança do tônus muscular (a contração muscular é visível).

Cada tipo de contração proporciona diferentes adaptações na musculatura abdominal, e a escolha varia de acordo com os objetivos do treinamento. De qualquer forma, para ganhos gerais de condicionamento físico e saúde, é interessante mesclá-las.

Quanto ao trabalho muscular, refere-se ao produto da força pela distância através da qual atua a força, fazendo com que regule e mova as alavancas do corpo humano (WEINECK, 1999). Pode ser dividido em:

A. Trabalho muscular estático – não há movimento, o músculo desenvolve apenas tensão, sendo a forma mais rápida de hipertrofiar um determinado ponto de uma amplitude. Utiliza-se conjuntamente com a contração isométrica.

B. Trabalho muscular dinâmico – há movimento, as fibras musculares se encurtam, provocando uma aproximação e um afastamento dos segmentos. Dessa maneira, a musculatura abdominal se fortalece num todo. Utiliza-se conjuntamente com a contração isotônica.

O trabalho dinâmico, assim como as contrações isotônicas, utilizam ações musculares que produzem tensão quando o músculo encurta e se alonga, resultando em movimento. Podem ser divididas em:

A. Ação muscular concêntrica – quando a origem e a inserção do músculo se aproximam pela mobilidade articular. Ótimo para o fortalecimento da musculatura (encurta e fortalece).

B. Ação muscular excêntrica – quando a inserção e a origem do músculo se afasta (alonga e alarga).

Podemos observar que existe uma combinação entre trabalho, ação e contração muscular, pois o trabalho estático usa a contração isométrica e o trabalho dinâmico usa a contração isotônica, o que pode gerar ações musculares concêntricas ou excêntricas.

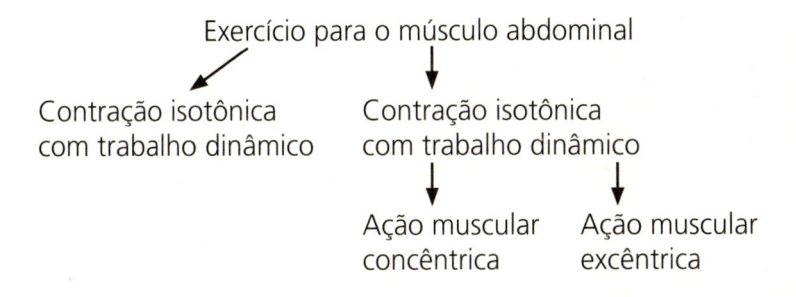

Exercício para o músculo abdominal

Contração isotônica com trabalho dinâmico

Contração isotônica com trabalho dinâmico

Ação muscular concêntrica

Ação muscular excêntrica

Quando falamos de exercícios abdominais, falamos em resistência muscular localizada, que é a capacidade de um segmento do corpo de realizar e sustentar um movimento por um período longo de tempo (FLECK, KRAEMER, 1999). A R.M.L. pode ser dividida em resistência muscular aeróbica localizada (R.M.A.L) e resistência muscular anaeróbica localizada (R.M.An.L). A primeira deve ter duração mínima de 180 segundos e com intensidade moderada. A segunda deve ter duração máxima de até 180 segundos e com intensidade máxima. Lembrando que para pessoas não treinadas, a duração citada não é válida, pois pode levar à exaustão em poucos segundos; neste caso, o resultado é a R.M.A.L.

Existem alguns fatores que influenciam certamente nos resultados da resistência muscular localizada como:

- Nível inicial de aptidão física.
- Tipo de força muscular aplicada durante a execução do exercício.
- Velocidade aplicada durante a execução do exercício.
- Número de séries e repetições realizadas (qualidade).
- Tempo de treinamento necessário.
- Equilíbrio entre as contrações, trabalhos, ações musculares.
- Número de capilares sanguíneos em funcionamento (irrigação dos músculos).
- Reserva energética do músculo (fornece energia).
- Rápida recuperação energética (retardamento da instalação da fadiga).
- Concentração de mioglobina muscular.
- Execução do movimento de forma correta (concentração e postura).
- Respiração (expira na contração e inspira no relaxamento)
- Capacidade psicológica de suportar os esforços (motivação e objetivo).

Talvez estes sejam alguns dos motivos pelos quais várias pessoas fazem centenas de exercícios abdominais e nem por isso têm uma musculatura abdominal forte e definida; já outras, que atentam para estes fatores, conseguem resultados positivos. De qualquer forma, o planejamento e a prescrição de qualquer exercício abdominal para um indivíduo requer um sólido conhecimento dos fundamentos científicos envolvidos. Estes conhecimentos irão colaborar no desenvolvimento lógico das sessões de treinamento, visando a satisfazer as necessidades do cliente e os objetivos do treinamento.

Fibras musculares

As fibras musculares foram e são estudadas através de biópsia e análise histoquímica por alguns pesquisadores (HAGG-MARK, THORSTENSSON, 1979). São estas classificadas com base no conteúdo ATPase miofibrilar em:

- Fibras vermelhas ou fibras de contração lenta (tipo I).
- Fibras brancas ou fibras de contração rápida (tipo II). Estas, por sua vez, podem ser classificadas em vários tipos como: II A, II B e III C. Segundo Wilmore, Costill (2001), as diferenças entre estas fibras não são totalmente compreendidas, mas sugere que a II A seja a mais frequentemente recrutada.

A variação pode ser grande entre os indivíduos, apesar de não existirem diferenças sexuais na distribuição média das fibras musculares: 55 a 58% para o tipo I, 15 a 23% para o tipo II A, 21 a 28% para o tipo II B e 1% para o tipo II C (HAGGMARK, THORSTENSSON, 1979). Porém, no estudo, Iscoe (1998), apresenta valores diferentes para as fibras do M. Reto do Abdome: 69% para o tipo I e 31% para o tipo II A. Campos (2002) comenta que o M. Transverso do Abdome parece ter uma proporção maior de fibras do tipo II B. Dessa forma, podemos observar que os músculos abdominais, embora na maioria sejam do tipo I, estão adaptados para contrações que variam de lentas a rápidas, que sustentam amplitudes total a habitual e tendem a suportar tarefas de baixa a grande intensidade.

Exercícios abdominais e a coluna vertebral

Nossa intenção é analisar os exercícios abdominais. Vale ressaltar que a musculatura será fortalecida através de exercícios criados ou formados. Por isso que hoje em dia existem inúmeros exercícios abdominais em que há variação com relação à forma, posição e ao ângulo do corpo.

Ao contrairmos um músculo, a sua parte ativa se contrai, ou seja, há uma participação total do ventre muscular e não parcial como muitos acreditam. Na verdade, quanto maior forem as formas, posições e ângulos diferentes trabalhados para um determinado grupamento muscular no nosso caso, M. Reto do Abdome, M. Oblíquo Externo, M. Oblíquo Interno e M. Transverso do Abdome, maiores as chances de um fortalecimento completo. Lógico que respeitando a individualidade de cada pessoa.

Por questões didáticas, segundo Alcázar (1976), podemos simplificar todos os exercícios abdominais em quatro tipos de movimentos, que são:

A. Movimento de flexão do tronco sobre os membros inferiores. Alguns colegas costumam chamar de supraumbilical.

B. Movimento de flexão dos membros inferiores sobre o tronco. Para alguns conhecido como infraumbilical.

C. Movimento de flexão simultânea de quadril e tronco. Chamados de mistos.

D. Movimento de flexão lateral do tronco.

A seguir, falaremos sobre cada um destes movimentos, mas antes comentaremos um pouco, de maneira breve, sobre a coluna vertebral.

Coluna vertebral

A coluna vertebral é o segmento mais complexo e funcionalmente significativo do corpo humano. Ela faz a ligação indireta entre os membros superiores e inferiores, protege a medula espinhal, arquiteta um eixo vertical dinâmico e harmônico para o tronco e permite alguns movimentos.

Nosso suporte ósseo é formado pela coluna vertebral, caixa torácica e pela pelve.

São estas três estruturas que nos dão sustentação e postura. A coluna vertebral no adulto normal é composta de 26 peças ósseas separadas; dependendo da região em que se encontra, tem sua forma, tamanho e função diferenciada, sendo: sete **vértebras cervicais**, doze **vértebras torácicas**, cinco **vértebras lombares**, o osso sacro (formado por cinco vértebras sacrais fundidas) e o osso cóccix (formado por quatro vértebras coccígeas fundidas).

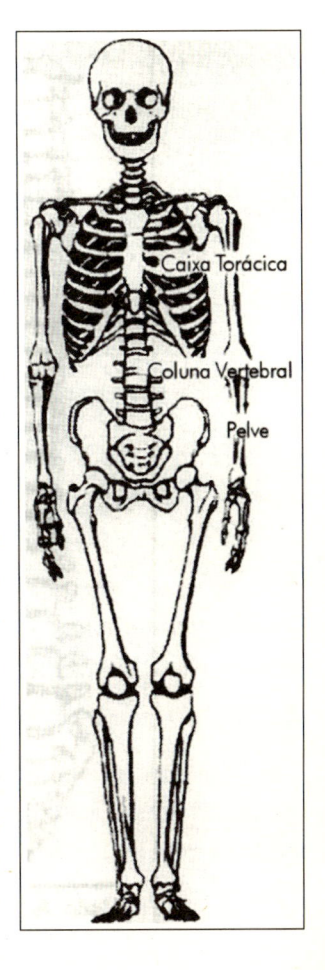

As vértebras são bastante resistentes e entre elas existem os discos intervertebrais, cuja principal função é favorecer e limitar os movimentos, que atuam como amortecedores.

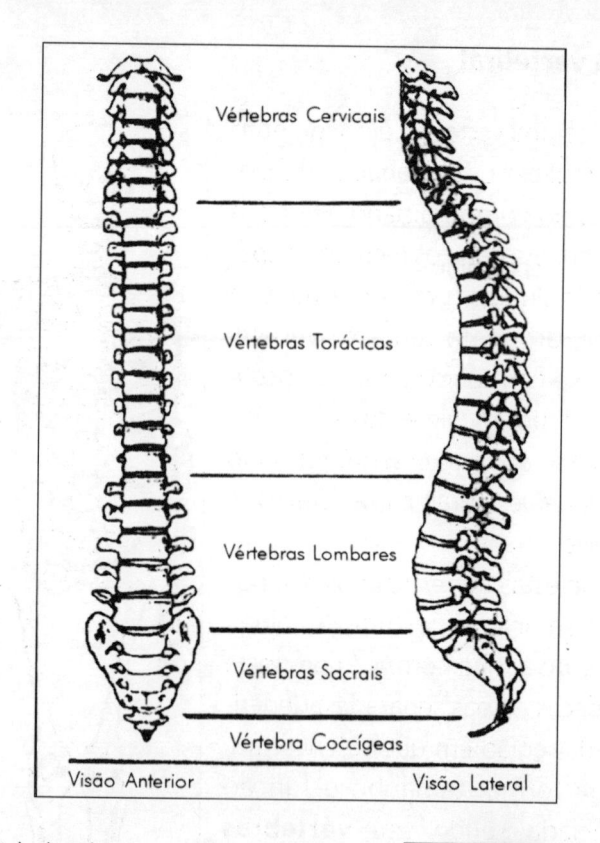

Vértebras Cervicais

Vértebras Torácicas

Vértebras Lombares

Vértebras Sacrais

Vértebra Coccígeas

Visão Anterior   Visão Lateral

Vale lembrar que existem quatro curvaturas fisiológicas normais da coluna: **lordose cervical, cifose torácica, lordose lombar** e **cifose sacral.**

A grande dica é manter uma postura correta e estar sempre atento ao tipo de exercício abdominal que se está fazendo, para não acentuar e deformar ainda mais essas curvaturas, causando as curvaturas anormais da coluna que são:

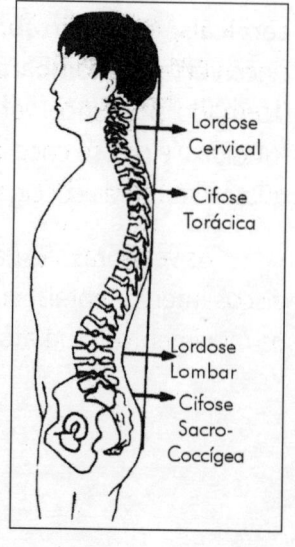

Lordose Cervical

Cifose Torácica

Lordose Lombar

Cifose Sacro-Coccígea

Hiperlordose – ela resulta tipicamente de um desequilíbrio entre o fortalecimento dos músculos lombares e o enfra-quecimento dos músculos abdominais (acentuação da curvatura lombar).

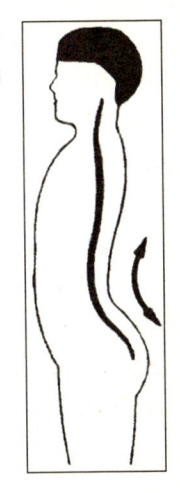

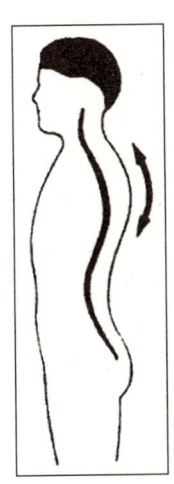

Hipercifose – ela resulta da doença de *Scheuer-mann*, na qual há desenvolvimento de uma ou mais vértebras em forma de cunha pelo comportamento anormal da placa epifisária. Tem sido observada com muita frequência em adoles-centes submetidos a intenso treinamento em nado estilo borboleta (acentuação da curvatura torácica).

Escoliose – ela resulta de desvios late-rais da coluna vertebral, devido a pequenos hábitos de carregar livros, bolsas e mochilas pesadas diariamente de um lado do corpo ou até mesmo como os demais desvios patoló-gicos da coluna por malformação congênita.

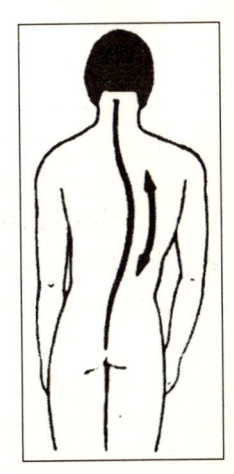

Há quatro movimentos da coluna vertebral, que participam diretamente quando exercitamos os nossos músculos abdominais. Estes movimentos são:

A **flexão da coluna** – que nada mais é que a inclinação para frente ou aproximação da cabeça em direção ao quadril.

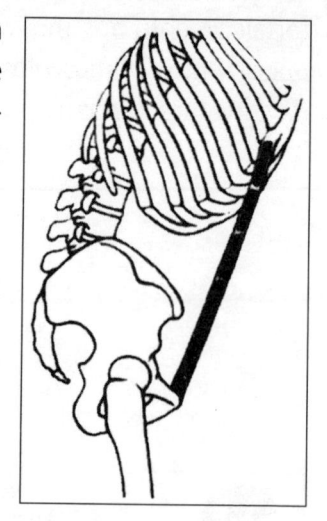

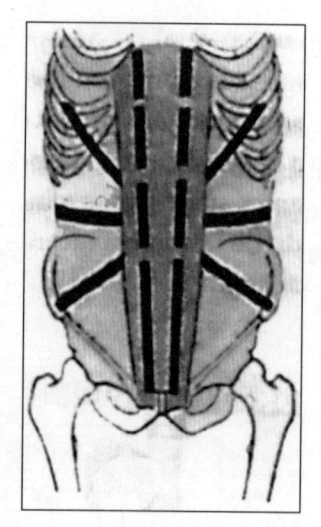

A **extensão da coluna** – ou movimento de retorno à posição anatômica ou para trás, onde os arcos vertebrais posteriores se aproximam. Alguns colegas chamam de hiperextensão a extensão da coluna além da posição anatômica. Este movimento ocorre somente nas regiões cervical e lombar.

A **flexão lateral da coluna** – é a inclinação de qualquer das áreas da coluna para um dos lados.

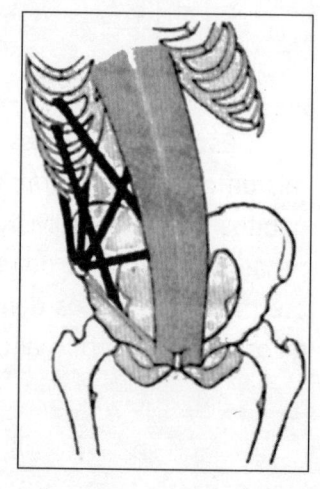

A rotação da coluna – é uma torção de coluna através do eixo vertical. Pode ser feita girando a cabeça e ombros para um dos lados, mantendo a pelve fixa, e vice-versa.

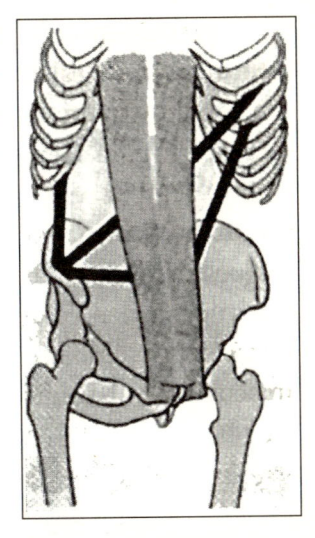

Quanto à pelve, ela recebe todo o peso gravitacional da parte superior do corpo e que por sua vez transfere aos membros inferiores, distribuído de forma eficiente entre as duas pernas. Seus movimentos ocorrem no nível de duas articulações: articulação sacroilíaca (entre a pelve e a coluna vertebral) e articulação do quadril (entre a cabeça do fêmur e a fossa do acetábulo); talvez este seja o motivo pelo qual alguns autores e colegas consideram os movimentos da pelve como movimentos da coluna. De qualquer maneira, a pelve é o segmento de ligação entre as partes superior e inferior do corpo, sendo ela o eixo, e as partes alavancas móveis.

A conscientização dos movimentos da pelve pode ser o segredo do programa de exercícios abdominais de sucesso, pois ela é capaz de executar dois movimentos distintos, girar para frente ou para trás recebendo o nome de basculação da pelve (LANGLADE, 1975), que por sua vez se divide em:

Báscula anterior ou **anteversão / anteroversão** – deslocamento das espinhas ântero-superiores do fio do osso do quadril para frente, provocando a lordose lombar, extensão da coxa em relação ao tronco, extensão exagerada dos joelhos, desequilíbrio postural, rotação interna das coxas (contração na musculatura lombar e alongamento da musculatura abdominal)

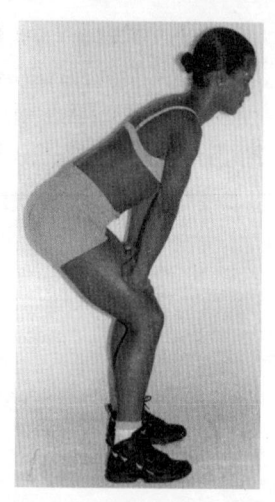

Basculação posterior ou retroversão – movimento do encaixe. Diminui a lordose lombar, provoca a flexão da coxa em relação ao tronco, rotação externa das coxas e flexão dos joelhos, contração dos músculos abdominais e glúteos, projeção do centro de gravidade para trás (contração dos músculos abdominais e glúteos com alongamento da musculatura lombar).

Analise a seguir os movimentos dos exercícios abdominais:

1 – Movimento de flexão do tronco sobre os membros inferiores ou supraumbilical

Como o nome já diz, são exercícios abdominais em que ocorre a aproximação do tronco sobre o quadril (processo xifoide do externo aproxima do púbis). Esse tipo de movimento possui inúmeras variações de acordo com a atitude da coluna lombar, o ângulo de flexão do quadril e joelhos e posição dos braços e pernas. Estas variações na execução dos exercícios abdominais podem ser favoráveis ou não nos resultados de um abdome vigoroso e definido. Para isso, é importante ter noção e separar ou agrupar os movimentos que trabalham mais os músculos abdominais dos movimentos que trabalham mais os flexores do quadril. O ideal é que a pessoa tenha os músculos abdominais e flexores do quadril fortes.

Percebemos que muitas pessoas não possuem uma concepção corporal e por isso não sabem ou não conseguem coordenar a ação dos músculos abdominais na sua totalidade. Para realizar um exercício abdominal básico, é necessário flexionar a coluna sem que esta fique arqueada, ao mesmo tempo em que outros músculos abdominais comprimam a parede abdominal para dentro, tendo a respiração uma contribuição primordial nessa ação.

No movimento que flexiona a coluna há participação do M. Reto do Abdome, M. Oblíquos Internos e M. Oblíquos Externos. Já o movimento que flexiona o quadril trabalha os músculos iliopsoas e reto femoral (CROWE, 1961 citado por ALCÁZAR, 1976).

Sugestões para este tipo de movimento:

- A flexão dos membros inferiores descontrai a musculatura flexora do quadril, diminuindo a ação lordotizante sobre a coluna lombar.
- As pessoas hiperlordóticas têm uma tendência a acentuar ainda mais a lordose lombar quando estão no início ou no fim do exercício abdominal.
- Fixar as mãos e braços em algum ponto do corpo minimiza os impulsos.
- Braços atrás da nuca, estendidos ou não, aumentam o trabalho abdominal, pois dificulta o exercício.
- Quanto mais juntos os pés estiverem das nádegas, mais esforço para arquear o tronco, o que torna a coluna mais flexível.
- Nada de fixar ou prender os pés, pois os flexores do quadril entram em ação.

- Quando for usar uma sobrecarga, use de forma progressiva e não ultrapasse os 20 quilos, e as coloque sobre os músculos peitorais.
- Evite movimentos com o pescoço, deixe-o fixo e alinhado com o tronco, caso contrário ocasionará dores no pescoço (cervicalgias).
- Acrescente à flexão uma pequena rotação, para estimular um pouco mais os músculos oblíquos.
- Faça variações nos exercícios, mas procure respeitar, mesmo assim, a posição ou postura correta.
- Evite os impulsos ou trancos no início do movimento, para que o exercício seja mais eficaz.
- Evite alimentar-se antes de realizar os exercícios abdominais, para não causar nenhum desconforto.
- Capriche na respiração, expire na subida e inspire na descida do exercício.
- O importante é a qualidade do exercício abdominal e não a quantidade deles.
- Concentre-se no exercício e certifique-se de que a postura esteja correta.
- Os exercícios supraumbilicais agem de forma mais direta sobre a coluna torácica (LAPIERRE, 1982).

2 – Movimento de flexão dos membros inferiores sobre o tronco ou infraumbilical

São exercícios abdominais em que há aproximação do quadril sobre o tronco (aproximação do quadril em direção ao gradil costal). Esse tipo de movimento possui inúmeras variações, de acordo com a atitude da coluna lombar e pelve, o grau de flexão do quadril, joelhos e posição dos braços e pernas.

Lembre-se de que a musculatura abdominal não possui nenhuma fixação no fêmur ou na articulação quadril, por conseguinte nestes exercícios abdominais os joelhos e quadril devem estar flexionados ou não. Outro detalhe importante é o peso dos membros inferiores tanto na hora da subida como na descida e isso determina as diferentes ações musculares ativas ou menos ativas dos músculos abdominais e dos M. flexores do quadril.

O ideal é flexionar a coluna lombar e a manter encostada junto ao solo enquanto as pernas sobem e descem, pois nesse caso os músculos abdominais devem atuar e muito para manter esta posição e vencer a resistência contra a gravidade.

Os músculos trabalhados nesse exercício são: M. Reto do Abdome, M. Oblíquo interno e M. Oblíquo externo. Os M. flexores do quadril são acionados quando a tração é exercida para cima (elevação dos membros inferiores sobre o tronco). Segundo Daniels, Worthingham (1975), para que este movimento seja executado corretamente (elevar as pernas do solo) é preciso ter os músculos abdominais e flexores do quadril fortes.

Sugestões para este tipo de movimento:

- Quando executamos a flexão inversa do tronco com as escápulas fora do chão, estamos aumentando a intensidade do exercício, através da contração isométrica.
- Evite os famosos trancos, pois nesta posição a coluna é vulnerável a lesões.
- O apoio firme das mãos deverá ser na lateral do corpo para facilitar o movimento.
- Estes exercícios são usados nos programas de correção e prevenção postural (hiperlordose lombar).
- Faça variações nos exercícios, mas procure respeitar mesmo assim a posição ou postura correta na hora de executá-los.
- Procure não tocar os pés no solo, pois isso pode aumentar a lordose lombar.
- Para minimizar a ação dos flexores do quadril, basta flexionar os joelhos e quadris, com isso evita-se o efeito do peso dos membros inferiores e o movimento se transforma em trabalho concêntrico dos músculos abdominais.
- Lembre-se da respiração, expire quando os membros inferiores estiverem vindo em direção ao tronco e inspire quando estiverem se afastando, voltando à posição inicial.

- Este exercício não é aconselhável para pessoas que fizeram alguma cirurgia de abdome recente, hiperlordóticos, mulheres pós-parto e iniciantes com desequilíbrios musculares entre os músculos abdominais e os flexores do quadril ou com dor lombar.
- Neste exercício, às vezes, há uma dor sacrolombar devido ao estiramento passivo da aponeurose lombar (ALCAZAR, 1976).
- Os exercícios infraumbilicais agem de forma mais direta sobre a pelve (LAPIERRE, 1982).

3 – Movimento de flexão simultânea de quadril e tronco ou mistos

São exercícios abdominais onde há aproximação simultânea dos quadris e do tronco (o movimento é realizado por ambas as inserções musculares: a de origem e a terminal).

Alguns especialistas consideram esse movimento o mais completo para o fortalecimento da musculatura abdominal. Existem inúmeras variações, de acordo com a atitude da coluna lombar e pelve, o ângulo de flexão do quadril e joelhos, posição dos braços e pernas.

Os músculos atuantes neste exercício são: M. Reto Abdome, M. Oblíquo Interno, M. Oblíquo Externo, M. Transverso do Abdome e, em algumas posições, os flexores do quadril.

Sugestões para este tipo de movimento:
- São exercícios feitos simultaneamente pelo tronco e membros inferiores.
- Não é aconselhável que estes exercícios sejam executados por pessoas iniciantes ou por aqueles que possuam a musculatura abdominal fraca.
- Muito cuidado no uso de sobrecargas, lembre-se, não se deve ultrapassar os 20 quilos.
- Deve haver variações nos exercícios, mas procure respeitar mesmo assim a posição ou a postura correta na hora da execução.
- Cuidado com a posição da cabeça, não flexione muito para frente e nem para trás, caso contrário sentirá algumas dores no pescoço (cervicalgias).

- Evite os famosos impulsos e trancos.
- Caprichar na respiração (expire na contração e inspire no relaxamento), e concentrar no exercício.
- As rotações laterais para o mesmo lado ou lado oposto estimulam um pouco mais os músculos oblíquos.
- Este exercício não atua de forma prejudicial sobre a coluna vertebral, desde que o movimento seja conduzido e tenha velocidade constante, e que as mãos atrás da nuca sirvam apenas de apoio para a cabeça.
- Para acentuar o trabalho do músculo transverso do abdome, basta manter o abdome retraído ou contraído durante a execução do movimento.

4 – Movimento de flexão lateral do tronco

São exercícios abdominais que têm por objetivo salientar a ação dos músculos oblíquos internos e externos, de maneira que se aproximem lateralmente do gradil costal dos quadris.

Pode ser executado de duas maneiras: na posição em pé ou de lado (decúbito lateral). Possui algumas variações na flexão lateral da coluna lombar, torção do tronco e posição dos braços e pernas.

Os músculos atuantes são: M. Oblíquo interno, M. Oblíquo externo. Apenas como lembrete, existem outros músculos atuantes para este movimento que estão situados na parte dorsal e lombar (M. quadrado do Lombo, M. Espinal do Tórax, M. Longuíssimo do Tórax, M. Ileocostal do lombo), mas, como estamos falando da musculatura abdominal, optei por apenas mencionar estes.

Sugestões para este tipo de movimento:
- É um exercício que pode ser realizado só com o tronco, com membros inferiores ou ambos ao mesmo tempo.
- Pode realizar o movimento de torção do tronco em relação aos membros inferiores e vice-versa. Ajuda a fortalecer os músculos oblíquos.
- São exercícios que ativam o músculo quadrado lombar.

- Deve haver variações nas posições, mas procure respeitar a postura na hora da execução dos movimentos.
- Evite trancos e excessivas amplitudes, pois nessa posição podem acentuar e provocar as hiperlordoses e escolioses.
- Não esqueça da respiração, expire na contração e inspire no relaxamento.
- Quando esse exercício é feito em pé, os músculos oblíquos interno e externo realizam um trabalho excêntrico, sendo que a ação é feita pela musculatura oposta ao movimento.
- Quando esse exercício é feito de lado (decúbito lateral), os músculos oblíquos interno e externo realizam um trabalho concêntrico, sendo que a ação é feita pela musculatura do mesmo lado do movimento.
- Quando realizamos uma flexão lateral na posição de decúbito lateral, tiramos do solo, ao mesmo tempo, a porção superior do tronco e os membros inferiores, e trabalhamos os músculos da parede abdominal (anterior e posterior).
- Evite exageros na execução de repetições excessivas, valorize a qualidade do movimento e não o número de repetições executadas.

Tabela – Participação dos músculos nos movimentos de: flexão, extensão, inclinação e rotação do tronco

Músculo	Flexão do tronco	Extensão do tronco	Inclinação lateral	Rotação para o mesmo lado	Rotação para o lado oposto
Reto do abdome	Agonista	-	Sinergista	-	-
Obliquo externo do abdome	Agonista	-	Agonista	-	Agonista
Obliquo interno do abdome	Agonista	-	Agonista	Agonista	-
Iliopsoas	Sinergista	Sinergista	-	-	-

Músculo	Flexão do tronco	Extensão do tronco	Inclinação lateral	Rotação para o mesmo lado	Rotação para o lado oposto
Quadrado do lombo	-	-	Agonista	-	-
Eretor da espinha	-	Agonista	Agonista	-	-
Espinal do tórax	-	Agonista	Agonista	-	-
Multífidos	-	Agonista	Agonista	Agonista	Agonista

Os exercícios supra e infra-abdominais recebem esta denominação como indicador de fortalecimento da porção superior e inferior, do M. Reto do Abdome. Porém, alguns estudos (CLARK *et al.*, 2003; VAZ *et al.*, 1991) não comprovam este fato, já que quando priorizamos estas regiões, independentemente da forma como realizamos o exercício (flexão do tronco ou flexão dos membros inferiores sobre o tronco), percebe-se que o estímulo para este músculo é igual.

Veremos, a seguir, algumas das inúmeras atitudes e posições que podem ser combinadas para formar alguns movimentos que exercitem a musculatura abdominal desejada, para isto basta criatividade e objetivos definidos.

Segundo Langlade (1975), atitude refere-se a um segmento ou zona, e posição considera o corpo todo. Resumindo, uma posição é a expressão de várias atitudes.

Dessa maneira, podemos classificar a posição de duas maneiras:

1. Posição fundamental – é aquela que a pessoa opta em suas atividades normais e diárias.
2. Posição derivada – é aquela que a pessoa muda (atitude) para incrementar e variar em suas atividades normais e diárias.

Algumas posições e atitudes

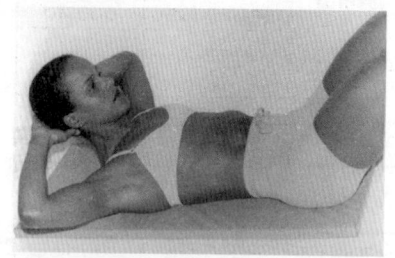

Mãos na nuca

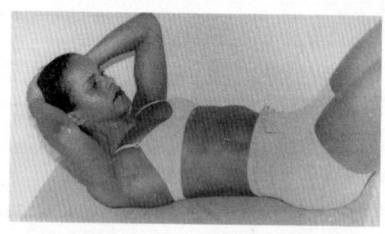

Mãos na cabeça

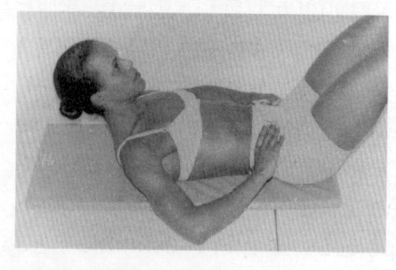

Mãos na cintura

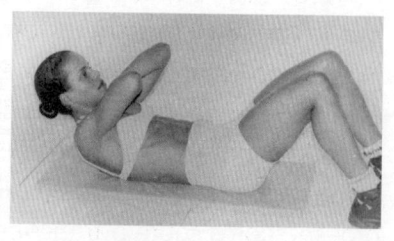

Mãos no peito com os cotovelos elevados

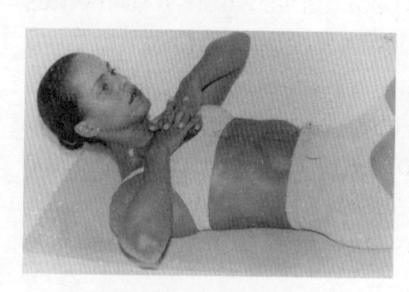

Braços em cruz com as mãos no peito

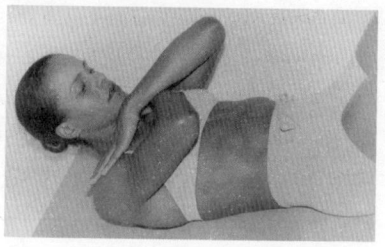

Braços cruzados na altura do peito

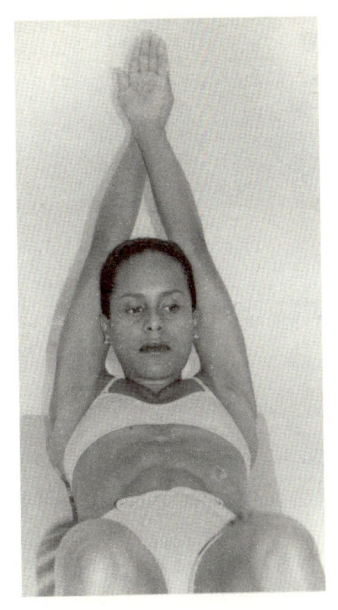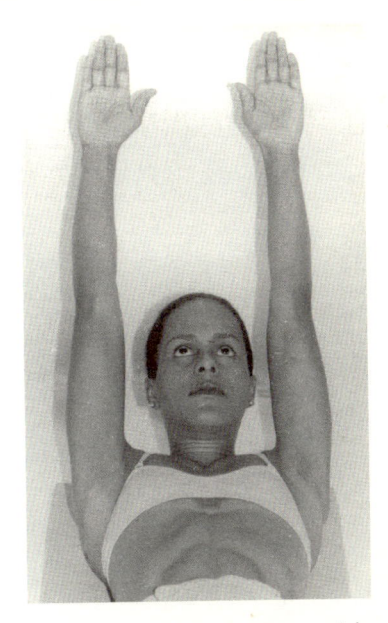

Braços elevados (prolongamento do corpo com as mãos unidas ou não

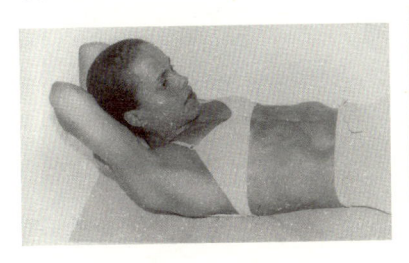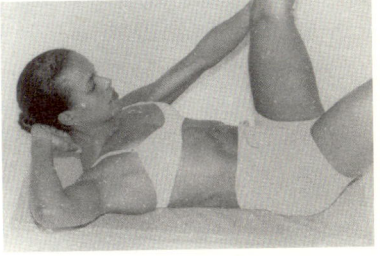

Braços cruzados por trás da cabeça

Uma mão na nuca e outra apoiada na lateral da coxa

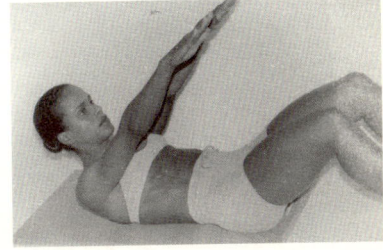

Braços elevados à frente do corpo, com as mãos unidas ou não

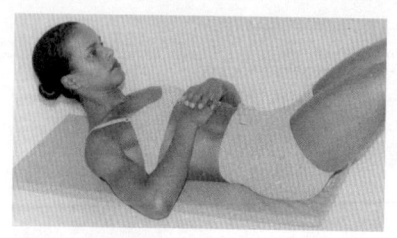

Mãos no abdome

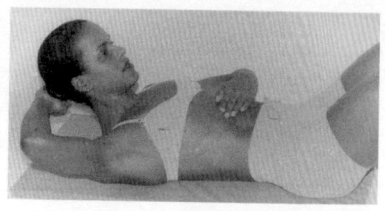

Uma mão na nuca e outra no abdome

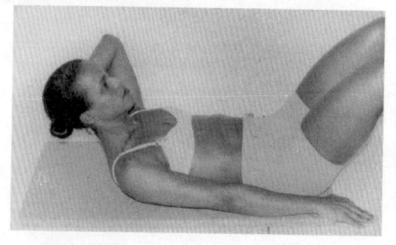

Uma mão na nuca e um braço paralelo ao corpo

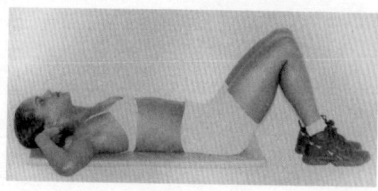

Flexão do joelho com os pés tocando o solo

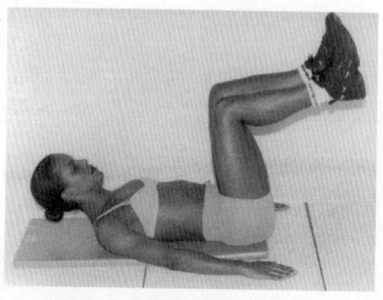

Flexão do joelho sem que os pés toquem o solo

Uma perna estendida, outra com o joelho flexionado e tocando o pé no solo

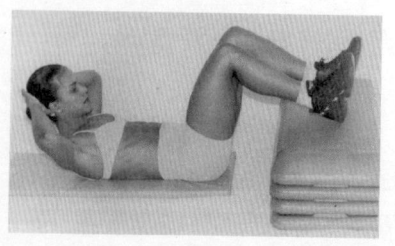

Flexão do joelho com auxílio de um apoio (cadeira, *step*)

Flexão do quadril com as duas pernas estendidas para cima

Flexão dos joelhos e quadril com a intenção de tocar os joelhos no queixo

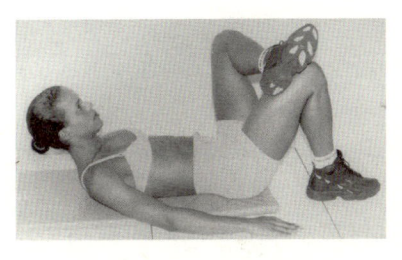

Uma perna com o joelho flexionado e o pé apoiado no solo e a outra cruzada com o pé ou tornozelo sobre o joelho

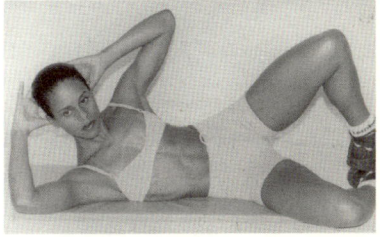

Decúbito lateral

Referências bibliográficas

ALCAZAR, A. **Ejercicios abdominales**. Argentina, 1976.

CAMPOS, M. A. **Exercícios abdominais: uma abordagem prática e científica**. Rio de Janeiro: Sprint, 2002.

CLARK, M.; HOLT, L. E.; SINYARO, J. **Electromyografhic comparison of the upper and lower rectus abdominis during abdominal exercises**. *Journal of Strength and Conditioning Research*, v. 17, nº 3, pp. 475-483, 2003.

DANIELS, L; WORTHINGHAM, C. **Provas de função muscular**. Rio de Janeiro: Interamericana, 1975.

FLECK, S. J.; KRAEMER, W. J. **Fundamentos do treinamento de força muscular**. 2ª ed. Porto Alegre: Artmed, 1999.

HAGGMARK, T.; THORSTENSSON, A. **A fibre types in human abdominal muscles**. Acta Physiologica Scandinavica, v. 107, nº 4, pp. 319-325, 1979.

ISCOE, S. **Control of abdominal muscles**. Progress in Neurobiology, v. 56, nº 4, pp. 433-506, 1998.

KENDALL, H. O. **Músculos, provas e funções**. São Paulo: Manole, 1980.

LANGLADE, A. **Gimnasia especial (correctiva): curso teórico**. Buenos Aires: Stadiun, 1975.

LAPIERRE, A. **A reeducação física**. São Paulo: Manole, 1982.

VAZ, M. A.; GUIMARÃES, A. C.; CAMPOS, M. I. A. **Análise de exercícios abdominais: um estudo biomecânico e eletromiográfico**. *Revista Brasileira de Ciência e Movimento*, v. 5, nº 4, pp. 18-39, 1991.

WEINECK, J. **Treinamento ideal**. 9ª ed. São Paulo: Manole, 1999.

WILMORE, J. H.; COSTILL, D. L. **Fisiologia do esporte e do exercício**. São Paulo: Manole, 2001.

CAPÍTULO IV

Lesões e dores

Marcia Regina Rocha Correa Domingues
Formada em medicina – UERJ
Residência médica em diagnóstico por imagem – UFRJ
marciaxucorrea@yahoo.com.br

A palavra lesão infelizmente ainda faz parte da nossa realidade, pois a falta de conhecimento e exageros por parte de alguns e a crescente invasão de leigos no campo da Educação Física têm trazido inúmeras lesões diretas ou indiretas aos praticantes.

Como todo exercício físico, existe uma regra que a maioria das pessoas e até mesmo os profissionais da área esquecem, que é a de avaliar, para saber se haverá ou não contraindicações na realização de determinados movimentos. Baseados nessas informações científicas e na prática recomendamos que se façam os exercícios abdominais previamente indicados (personalizados) e sempre em um posicionamento seguro e confortável, para que possam surtir os efeitos desejados, ou seja, o fortalecimento da musculatura abdominal.

As principais causas das lesões são:

1. A execução incorreta dos exercícios abdominais, devido à falta de atenção e de postura do praticante.
2. Falta de aquecimento prévio, o que é muito importante em qualquer atividade física.
3. Respiração incorreta durante a execução dos exercícios abdominais.
4. Fraqueza muscular do abdome.
5. Execução dos movimentos de contração com "trancos" e amplitudes excessivas.
6. Uso de sobrecargas superiores a 20 quilos.
7. Repetições excessivas.
8. Movimentação do pescoço na hora da execução.
9. Execução dos exercícios abdominais em locais não planos.
10. Voltar a praticar os exercícios abdominais após alguma cirurgia, sem receber alta médica.

As principais lesões

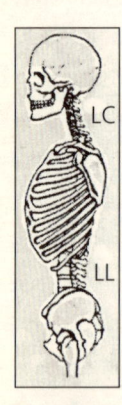

- **Cervicalgias** – dores na região posterior ou anterior do pescoço.

- **Lombalgias** – dores lombares.

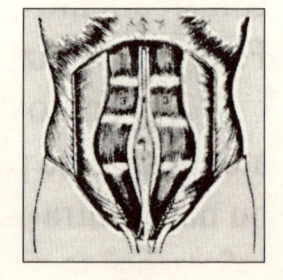

- **Diástases** – disjunção de dois músculos, comum em mulheres que tiveram filhos recentemente.

- **Hérnias abdominais** – deslocamento parcial ou total de um órgão através de orifício patológico na musculatura.

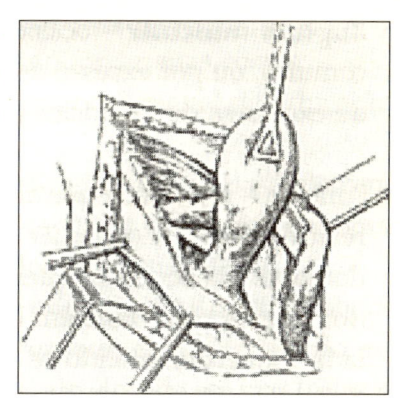

- **Pubalgia** – dor na sínfise púbica por excesso de exercícios abdominais.

- **Estiramentos musculares** – alongamento excessivo das fibras musculares, com o desalinhamento dos sarcômeros.

- **Dores musculares** – sofrimento físico produzido por uma lesão ou por qualquer estado anormal do organismo. Há uma grande variedade de problemas internos que podem causar dores abdominais, como por exemplo: problemas no fígado, no estômago, e, no caso das mulheres, os ginecológicos. Alguns destes problemas surgem devido à dieta alimentar, má técnica com excesso dos exercícios abdominais, através de lesão muscular ou de algum distúrbio. De qualquer maneira toda dor no abdome não explicada deve ser tratada com cuidado por um médico.

- **Contraturas** – contrações musculares persistentes, acompanhadas de rigidez.

- **Inflamação** – calor intenso e ardência no local.

- **Ruptura muscular** – ocasionado por trauma grave (mais comum), ou por excesso de solicitações, ou seja, quantidade excessiva de exercícios abdominais (menos comum).

- **Pontada** – a pontada que acontece nos atletas não está relacionada a qualquer lesão ou ruptura muscular abdominal. Ela ocorre frequentemente do lado direito do abdome, mas pode também aparecer na região mediana do lado esquerdo, quando se faz exercícios de alta intensidade sem estar condicionado para tal. Esta pontada pode ser ocasionada por: espasmo no diafragma, gás no intestino grosso e congestão hepática. Quando acontece a pontada durante o exercício físico, uma maneira de aliviá-la é fazer uma inspiração profunda, parar o movimento e fazer um alongamento, no caso inclinar para o lado oposto ao dolorido, e depois pode recomeçar o exercício.

Para finalizar, seguem algumas sugestões importantes para ajudá-lo a executar corretamente os exercícios abdominais e também para prevenir possíveis lesões.

- Antes de iniciar os exercícios abdominais, faça um aquecimento através de exercícios aeróbicos como: caminhada ou corrida numa esteira, pedalada em bicicleta estacionária, *step*, elíptico, natação, hidroginástica, dança, entre outros.
- O aquecimento como também o desaquecimento devem ser lentos e suaves, sempre respeitando os limites do corpo.
- Evite o número excessivo de repetições nos exercícios abdominais.
- Execute os exercícios abdominais dentro dos seus próprios limites individuais.
- Procure trabalhar toda a musculatura abdominal nas posições básicas e fundamentais com total segurança.
- Concentre toda a força na musculatura abdominal quando estiver se exercitando, evitando forçar as costas.
- Exija sempre a orientação de um profissional de Educação Física.

- Preste sempre atenção nas explicações fornecidas pelo profissional de Educação Física referentes à sua posição na hora da execução do exercício abdominal.
- A respiração correta durante a execução de exercícios abdominais é muito importante. Por isso, expire no ato do esforço (contração) e inspire no ato do pós-esforço (relaxamento). Segundo Rasch e Burke (1977), quando usamos este tipo de respiração, a ação do M. Oblíquo Interno, M. Oblíquo Externo e M. Transverso do Abdome, na fase da expiração, é responsável pelo movimento de depressão das costelas.
- Nunca utilize sobrecargas superiores a 20 quilos na execução dos exercícios abdominais.
- Quando utilizar sobrecargas, segundo Rasch e Burke (1977), sempre as coloque sobre o peito para que não traga nenhum desconforto, e também possa atingir o objetivo, que é estimular ainda mais a parte inferior do M. Reto do abdome.
- Realize exercícios compensatórios e alongamentos, após a execução dos exercícios abdominais.
- Escolha um local plano e utilize um colchonete, tapete, carpete ou toalha para proteger o corpo do chão frio.
- Os exercícios abdominais não acabam totalmente com a gordura localizada.
- Exercícios aeróbios combinados com exercícios abdominais e dieta alimentar ajudam a deixar a musculatura abdominal mais firme, e dependendo de cada pessoa pode até defini-la.
- Evite as pranchas inclinadas, caso não tenha hábito de fazer exercícios abdominais.
- Nunca faça exercícios abdominais após alguma refeição.
- Evite criar o hábito de consumir bebidas alcoólicas ou água durante as refeições.
- Evite dormir ou deitar depois das refeições.
- Procure sempre variar os exercícios abdominais.

- Para que haja resultados satisfatórios na sua musculatura abdominal, é importante manter uma frequência nos exercícios abdominais, ou seja, criar o hábito de praticá-los sempre.
- Procure vestir roupas que sejam as mais confortáveis possíveis.
- O uso da música durante os exercícios abdominais, além de motivar, ajuda no fator psicológico do exercício.
- Crie objetivos e divida estas etapas, assim torna-se mais fácil alcançá-las.
- Existe um produto no mercado com apoio cervical. É um aparelho confortável que alivia a tensão dessa região e auxilia na correção da postura durante os exercícios abdominais, principalmente em clientes sedentários.

Referência bibliográfica

RASCH, J. F.; BURKE, R. K. **Cinesiologia e anatomia aplicada** Rio de Janeiro: Guanabara Koogan, 1977.

Capítulo V

Alguns exemplos de exercícios abdominais

Luiz Antônio Domingues Filho
Mestre em Educação Física, na área de performance *humana – UNIMEP*
Especialista em Administração, Engenharia e Marketing *Desportivo – UGFRJ*
Personal trainer *da* In Forma: *Centro de Atividade Corporal – Santos-SP*
dominguesfilho@uol.com.br

Nesse capítulo, mostraremos alguns exemplos práticos de exercícios abdominais que podem ser feitos para fortalecer a musculatura abdominal. Vale lembrar que o mais importante é a concentração, postura, respiração e qualidade. Esses detalhes fundamentais multiplicam a eficiência do exercício.

Hoje em dia, os exercícios abdominais são executados em séries, ou seja, se realiza um determinado número de repetições de um movimento, descansa, realiza outro, descansa e daí pode ou não repeti-los todos novamente com os mesmos movimentos. Eu, particularmente, aconselho montar uma sessão de treinamento conforme a necessidade e objetivo de cada cliente. Para isso, a execução do exercício abdominal deve apresentar algumas variações nas posições, ângulo de execução e amplitude, tipo de contração muscular, postura, sequência de movimento, velocidade, forma de realização, sem ou com a utilização de equipamento com intuito de diferenciar a intensidade de trabalho nos músculos abdominais. Os exercícios abdominais podem ser realizados das seguintes formas:

- *Tradicional* – são exercícios abdominais realizados no solo sem auxílio de nenhum equipamento, e, por serem tradicionais, são os mais conhecidos e praticados.

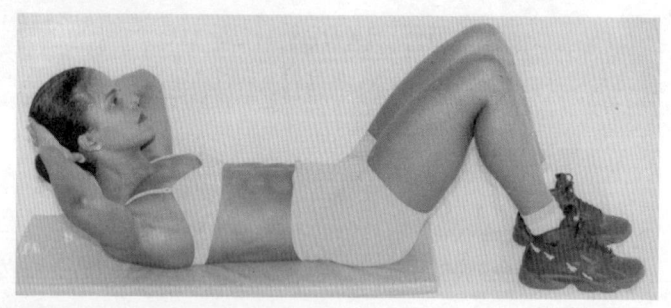

- *Com inclinação* – são exercícios em que podemos utilizar uma prancha, um *step* ou algo similar no qual o indivíduo fica numa posição diagonal. Há duas variáveis: na primeira, o indivíduo apoia o tronco numa superfície inclinada, o que facilita o movimento.

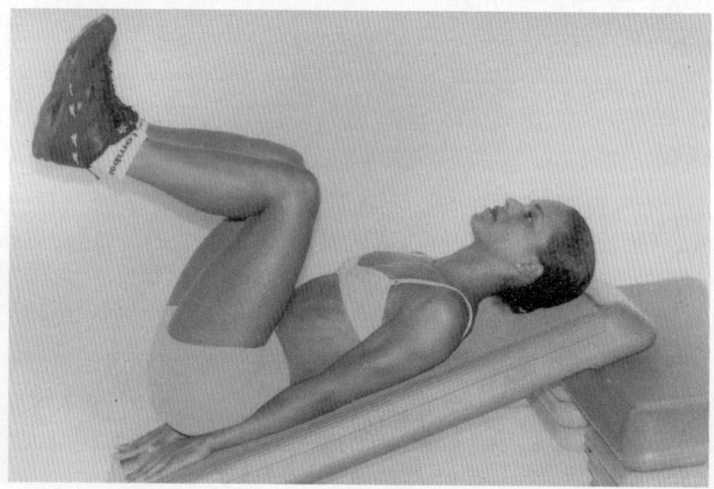

Na segunda, ele se posiciona ao contrário, tendo os pés fixos. Neste caso, o exercício torna-se mais exigente.

• *Com sobrecarga* – são exercícios em que a intensidade é aumentada pela sobrecarga imposta, através do equipamento, com anilhas, halteres, *medicine ball*, barras e extensores. O ideal é que estas sobrecargas sejam incluídas de forma progressiva para que a musculatura possa se adaptar.

• *Com apoio cervical* – são equipamentos projetados especificamente para aliviar a tensão dessa região e ao mesmo tempo para auxiliar na correção da postura durante a execução do exercício abdominal. Segundo Vaz *et al.*, (1991), realizar exercício abdominal tradicional com ou sem aparelho com apoio cervical é indicado para o reforço da musculatura, principalmente do M. Reto do Abdome.

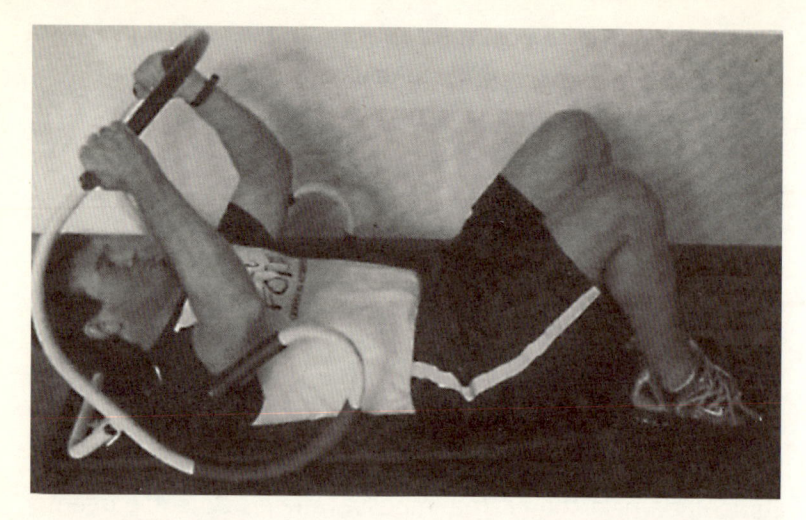

- *Com bola* – existem bolas de inúmeros tamanhos no mercado, excelentes para melhorar os mecanismos de propriocepção, pois os exercícios abdominais são realizados em cima delas, uma superfície instável, o que favorece a coordenação e estabilidade articular para a coluna vertebral.

- *Em suspensão* – pode ser feito em paralelas, barras ou com apoio para os braços que podem estar fixados na barra. Segundo Campos (2002), não é indicado para sujeitos com pouca flexibilidade e com algum tipo de desequilíbrio muscular.

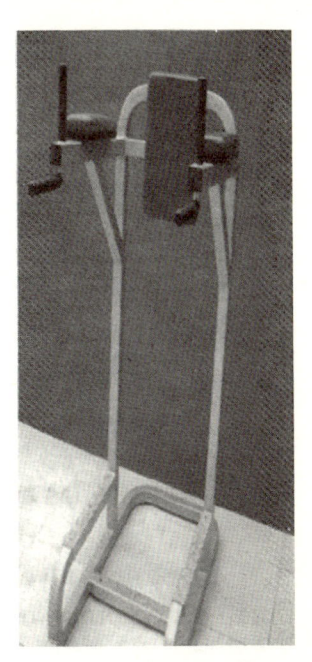

- *Com eletroestimuladores* – são aparelhos que emitem impulsos elétricos (choques), através de eletrodos colocados sobre a pele do indivíduo. Sua utilização como complemento de uma sessão de treinamento que não seja tratamento fisioterápico ainda gera muitas controvérsias. Alguns estudos (EVANGELISTA;

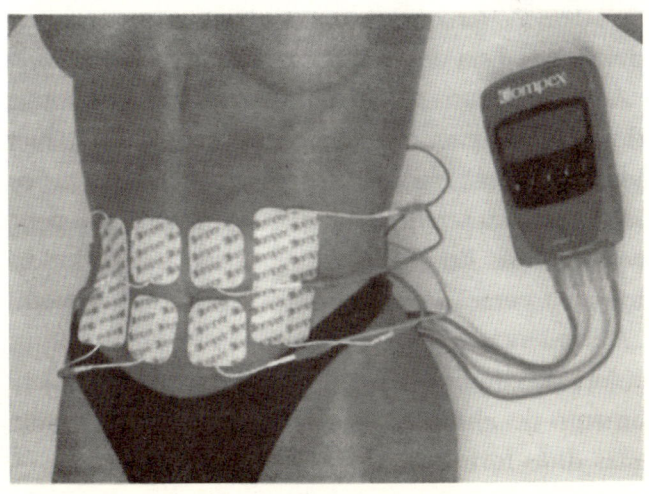

CUNHA; VILARDI Jr., 2003; CHAVES, *et. al.,* 2004) que usaram a eletroestimulação associada ou não com exercício físico observaram reduções do perímetro abdominal e melhorias na força da musculatura abdominal e do quadril. Ambos sugerem que o treinamento combinado (treinamento cardiovascular, treinamento de força /resistência muscular e eletroestimulação) pode auxiliar nesta questão, mas que necessitam de mais estudos longitudinais e da inclusão de um controle nutricional, para poderem comprovar sua eficácia.

Planejamento das aulas de exercícios abdominais

Se existem níveis diferentes de aulas de exercícios abdominais é porque os objetivos a serem atingidos também serão diferentes. À medida que a musculatura abdominal se adapta ao treinamento, resultados e benefícios são adquiridos, mas para que haja novas melhorias, o treinamento deve ser realizado de forma progressiva e desafiadora, em que estes benefícios e estes resultados sejam incorporados a cada nova fase.

Cabe sempre ao profissional de Educação Física planejar, explicar e demonstrar o exercício abdominal, como também corrigir os movimentos. Esta orientação é realizada de forma contínua.

Ao planejar uma sessão de treinamento para a musculatura abdominal, devemos levar em consideração as seguintes variáveis: sequência para execução dos exercícios abdominais, os músculos abdominais a serem fortalecidos, o número de repetições, o número de séries, duração, frequência semanal, velocidade de execução, recuperação, equipamentos e perfil e tipo de aluno.

A sequência para execução dos exercícios abdominais dependerá do condicionamento físico inicial e do objetivo do treinamento do aluno. O que temos observado comumente são estas duas formas:

- **Alternado** – realiza um exercício abdominal diferente a cada intervalo, com intuito de fortalecer a musculatura num todo. Indicado para aluno/cliente iniciante, pois retarda a fadiga muscular. Quando usamos sobrecargas e outros acessórios que exigem mais da musculatura abdominal, esta sequência passa a ser indicado para indivíduos intermediários e avançados.
- **Contínuo** – neste caso, os exercícios abdominais são seguidos, sendo os intervalos bem curtos, em que os movimentos sofrem pequenas variações de ângulos e do tipo de contração muscular. Estes são indicados para sujeitos intermediários e avançados, pois induz uma pré-exaustão da musculatura.

Os músculos abdominais a serem fortalecidos são: M. Reto do Abdome, M. Oblíquo Externo, M. Oblíquo Interno e M. Transverso do Abdome. Desde o planejamento até a execução do exercício abdominal numa sessão de treinamento, atente para o fato de que o trabalho deverá ser iniciado com o músculo abdominal mais profundo para o mais superficial, e que as variações de exercícios são para estimular as fibras nas suas diversas direções. Para isso devemos mesclar os diferentes tipos de contração com o intuito de proporcionar diferentes adaptações na musculatura abdominal.

O número de repetições para cada exercício abdominal varia conforme a aptidão física atual do indivíduo e do objetivo a ser alcançado. Durante a execução das repetições, temos que estar atentos para a técnica correta do movimento, da respiração e da contração muscular. Um detalhe importante: quanto mais intenso for o exercício abdominal, menor será o número de repetições e mais devagar deverá ser realizado. Como orientação técnica, sugerimos:
- De 10 a 20 vezes para iniciantes
- De 10 a 35 vezes para intermediários
- De 10 a 50 vezes para avançados

O número de séries por exercício abdominal devem ser alternadas conforme a variação e a intenção do exercício, além do condicionamento físico atual do indivíduo. Temos observado que quanto mais alto é o número de repetições, menor tem sido o número de séries. Como orientação técnica, sugerimos:

- 1 vez para iniciantes
- 1 a 3 vezes para intermediários
- 1 a 5 vezes para avançados

A duração de uma sessão de treinamento com exercícios abdominais refere-se ao período que ele será realizado, e este poderá variar conforme o objetivo, o tempo disponível para a prática e a aptidão física atual do aluno. Na média, os indivíduos dedicam 10 minutos por sessão para essa área do corpo, embora temos visto aulas exclusivas nas academias para esta musculatura com duração de 30 a 45 minutos.

Muitos clientes e mesmos atletas de alto rendimento costumam realizar exercícios abdominais ao final da sessão de treinamento com objetivo de evitar a fadiga precoce dessa musculatura, o que poderia influenciar de forma negativa os exercícios subsequentes em que os abdominais atuam como fixadores e/ou sinergistas. Porém, em alguns casos é necessário realizar os exercícios abdominais no início da sessão de treinamento com objetivo de ativar esta musculatura para que esta possa auxiliar em ações complexas posteriores.

A frequência semanal refere-se a quantas vezes serão repetidas a sessão treinamento para a musculatura abdominal. Temos observado uma frequência de 3 vezes por semana. Mas nada impede o cliente intermediário e avançado de treinar todos os dias, desde que tenha um intervalo de descanso adequado entre as sessões.

A respiração correta influi na velocidade de execução do exercício abdominal. Geralmente expiramos quando contraímos a musculatura e inspiramos quando a relaxamos. Isto se faz necessário, pois permite uma contração mais completa e intensa dos músculos abdominais, já que diminui a pressão intra-abdominal. Os exercícios podem seguir um ritmo preestabelecido pela música ou não. Usualmente a utilizamos como fundo musical.

A recuperação da musculatura abdominal entre as séries varia de 30 a 60 minutos, mas pode chegar até 120 minutos dependendo do tipo de treinamento. Já o descanso entre as sessões depende da frequência e do tipo de treinamento. Porém, os músculos abdominais podem e devem ser treinados após um intervalo de 24 horas. Apenas devemos estar atentos, principalmente com os alunos iniciantes, devido ao desconforto inicial na região abdominal.

Hoje existem no mercado inúmeros equipamentos direcionados para auxiliar a prática de exercícios abdominais. Porém, devemos ter cuidado ao adquiri-los ou usá-los, devido ao fato de que nem sempre eles funcionam como estão descritos e, na maioria dos casos, estes equipamentos são desenvolvidos para que os alunos os utilizem em casa, sem o acompanhamento de um profissional de Educação Física, o que não é aconselhável. Mas os equipamentos que temos utilizado para auxiliar numa sessão de treinamento e que têm demonstrado eficiência são:

- **Extensor de borracha** – usado de forma alternativa para variação de movimentos convencionais de exercícios abdominais.

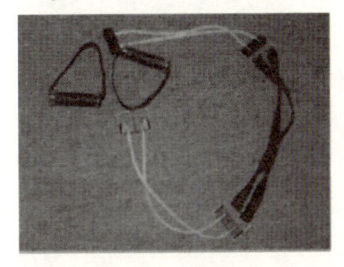
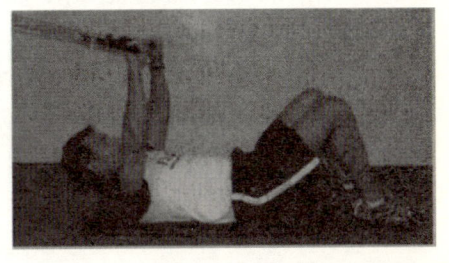

- **Bola de *medicine ball*** – usada para oferecer maior resistência ao movimento, devido à sobrecarga imposta ao exercício.

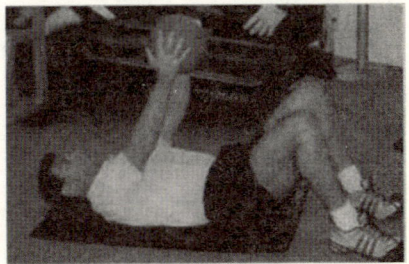

- **Bola** – usada para melhorar a propriocepção durante o exercício abdominal.

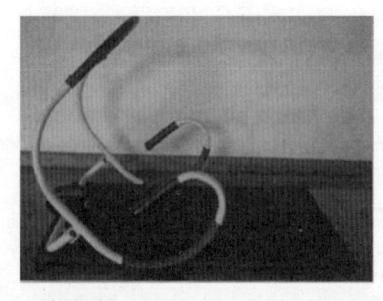

- **Com apoio de cabeça** – usado para aliviar a tensão dessa região e ao mesmo tempo para auxiliar na correção da postura durante a execução do exercício abdominal.

- **Paralela** – usada como exercício abdominal alternativo, onde há uma sobrecarga muito grande sobre os músculos abdominais e flexores do quadril, sendo necessário um ótimo condicionamento físico para executá-lo.

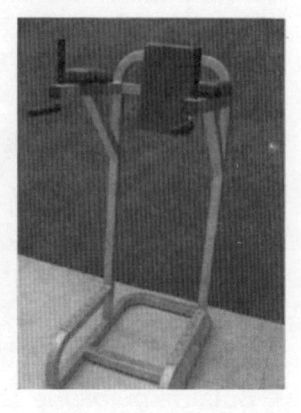

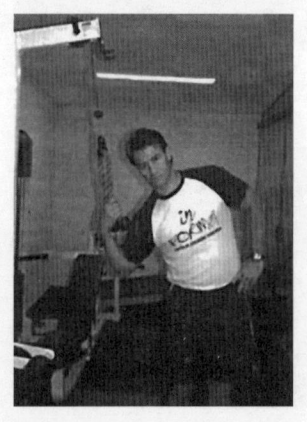

- **Com cabos** – usado nos exercícios abdominais com o intuito de variar ângulos e amplitudes dos movimentos.

- **Ab-Slide** ou **Roller** – aparelho usado como forma alternativa de fortalecimento sobre as diferentes estruturas que constituem a musculatura abdominal.

Perfil e tipos de aluno /cliente:
- **Iniciante –** possuem um baixo grau de aptidão física e nunca fizeram ou não fazem exercícios abdominais regularmente há mais de 6 meses. São indivíduos que cometem muitos erros durante a execução dos movimentos e têm um dispêndio exagerado de energia para realizá-los, o que torna importante a presença constante de um profissional de Educação Física para orientá-los.
- **Intermediário –** apresentam um condicionamento cardiovascular e muscular médio e fazem exercícios abdominais regularmente há mais de 6 meses. Por terem adquirido um domínio dos fundamentos básicos, possuem capacidade de detecção e de correção de alguns erros. A presença de um profissional de Educação Física continua sendo importante, pois nesta fase haverá variações de movimentos, utilização de sobrecargas e orientação para a contração perineal.
- **Avançado –** mostram um ótimo condicionamento cardiovascular e muscular, nível satisfatório de flexibilidade e fazem exercícios abdominais regularmente há mais de 12 meses. Possuem uma boa concepção corporal, em que já detectam e corrigem os próprios erros. Procuram sempre aperfeiçoar a forma e a técnica a cada repetição.

1. Deitado em decúbito dorsal (de costas), pernas flexionadas com os dois pés apoiados no solo, eleve ligeiramente o tronco à frente até 45°, contraindo o abdome, e volte lentamente à posição inicial. Procure não forçar o pescoço; pare o exercício caso sinta algum desconforto ou mesmo dor nessa região. Quanto à respiração, expire na subida e inspire na descida. Variações:

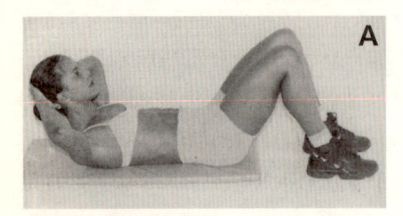

Mãos na nuca

Braços cruzados na altura do peito

Braços cruzados por trás da cabeça

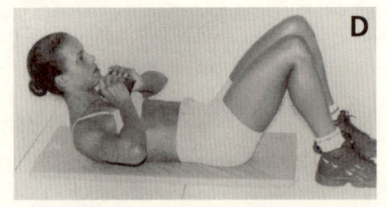

Usando uma carga. Lembre-se de que não deve exceder a 5 kg

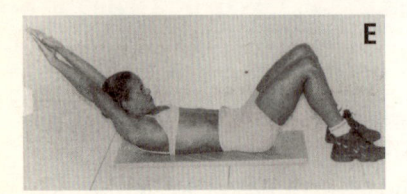

Com os braços elevados, prolongamento do corpo, com as mãos unidas

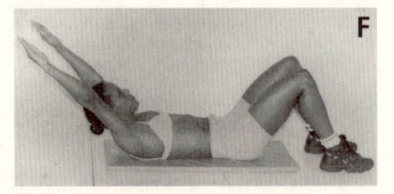

Com os braços elevados, prolongamento do corpo, com as mãos afastadas

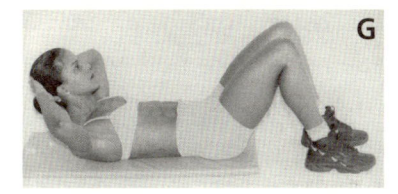

Com os braços elevados à
frente do corpo com
as mãos unidas

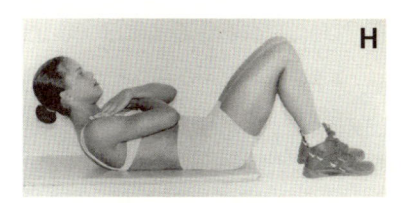

Com os braços elevados à
frente do corpo com
as mãos afastadas

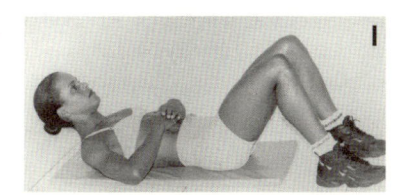

Com as mãos no abdome

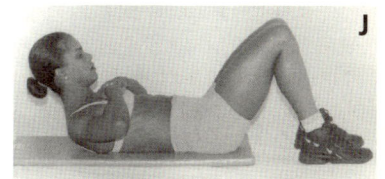

Com os braços em cruz e
as mãos no peito

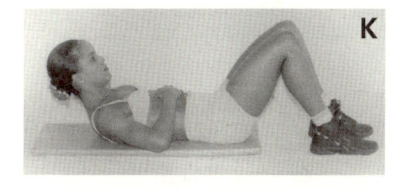

Com uma mão na nuca e a
outra no abdome. Depois
inverta a posição das mãos

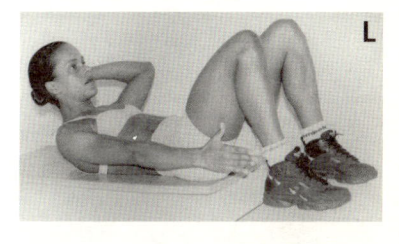

Uma mão na nuca e a outra
mão tentando tocar o tornozelo
com o braço paralelo ao corpo.
Depois inverta a posição e o
lado das mãos

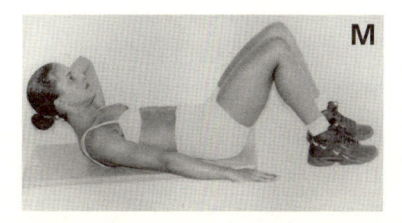

Com uma mão na nuca e outra
paralela ao corpo. Depois inverta
a posição das mãos

2. Deitado em decúbito dorsal (de costas), uma perna com o joelho flexionado e o pé apoiado no solo e a outra cruzada com o pé ou tornozelo sobre o joelho, eleve o tronco com rotação à frente até 45°, contraindo o abdome e volte lentamente à posição inicial. Depois troque a posição das pernas. Expire na subida e inspire na descida. Variações:

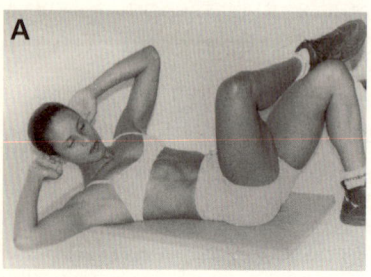

Mãos na nuca

Uma mão na nuca e a outra no abdome. Depois troque a posição das mãos

Uma mão na cabeça e a outra no abdome. Depois troque a posição das mãos

Um braço na lateral do corpo e uma mão na nuca. Depois troque de lado e a posição do braço e a mão

Um braço na lateral do corpo e uma mão na cabeça. Depois troque de lado e a posição do braço e da mão

Um braço na lateral do corpo
e uma mão no abdome.
Depois troque de lado e a
posição do braço e a mão

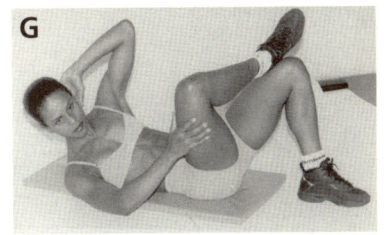

Uma mão na nuca e a outra
apoiada na lateral da coxa.
Depois troque de lado
e a posição das mãos

3. Posição em decúbito dorsal (de costas), uma perna estendida,
   outra com o joelho flexionado e com o pé apoiado no solo.
   Eleve o tronco com rotação até 45°. Contraia o abdome e
   volte lentamente à posição inicial. Depois troque a posição
   das pernas. Expire na subida e inspire na descida. Variações:

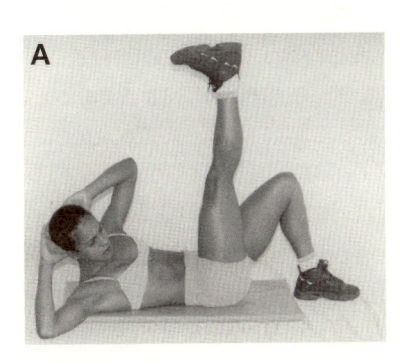

Mão na nuca

Uma mão na cabeça e a outra
no abdome. Depois troque
a posição das mãos

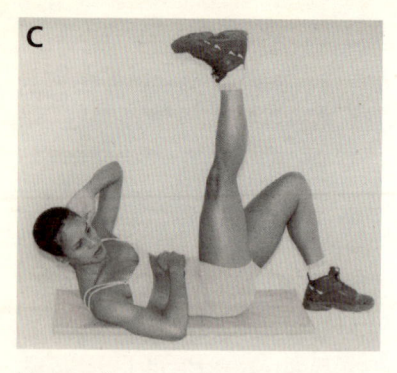

C

Uma mão na nuca e a outra no abdome. Depois troque a posição das mãos

D

Com um braço na lateral do corpo e uma mão na nuca. Depois troque a posição e o lado do braço e da mão

E

Com uma mão na nuca e a outra apoiada na lateral da coxa. Depois troque a posição das mãos

F

Com um braço estendido e o outro apoiado na lateral da coxa. Depois troque a posição da mão e do braço

4. Posição em decúbito dorsal (de costas), joelhos flexionados com os dois pés apoiados no solo, eleve o tronco à frente até 45°, e ao mesmo tempo retire um dos pés do solo, procure aproximar o joelho do tronco, contraia o abdome e volte lentamente à posição inicial; repita o movimento com a outra perna. Expire na subida e inspire na descida. Variações:

Mãos na nuca

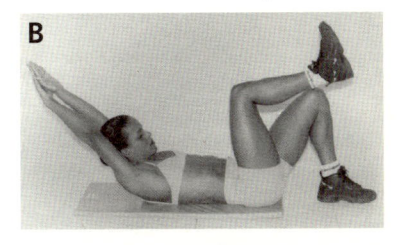

Com os braços elevados, prolongamento do corpo, com as mãos unidas

Com os braços elevados, prolongamento do corpo, com as mãos afastadas

5. Posição em decúbito dorsal (de costas), joelhos flexionados com os dois pés apoiados no solo, eleve o tronco à frente até 45° e ao mesmo tempo retire um dos pés do solo, num movimento de rotação, procure aproximar o joelho do cotovelo; volte à posição inicial e repita o movimento para o lado oposto. Expire na subida e inspire na descida. Variações:

Mãos na nuca

 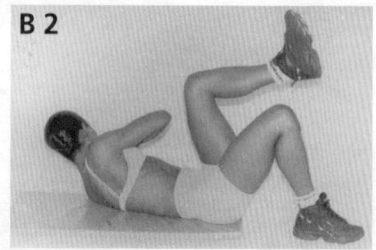

Com os braços cruzados na altura do peito

Com os braços cruzados por trás da cabeça

6. Posição em decúbito dorsal (de costas), joelhos flexionados e elevados sem apoio dos pés no solo, eleve o tronco à frente até 45°, contraia o abdome e volte lentamente à posição inicial. Expire na subida e inspire na descida. Variações:

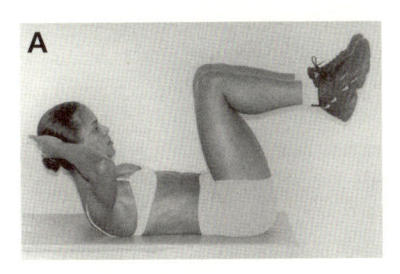

Mãos na nuca

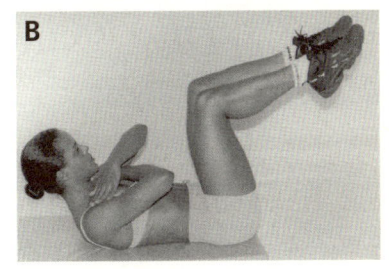

Braços cruzados na altura do peito

Braços cruzados por trás da cabeça

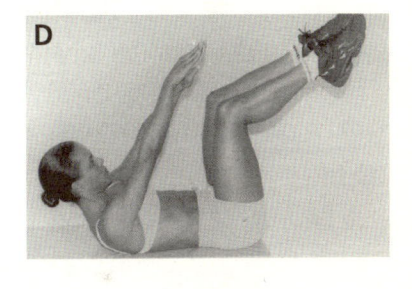

Braços elevados à frente do corpo com as mãos unidas

Braços elevados à frente do corpo com as mãos afastadas

Braços elevados (prolongamento do corpo), com as mãos unidas

Braços elevados (prolongamento do corpo), com as mãos afastadas

Usando uma carga. Lembre-se de que não deve exceder a 5 kg

7. Posição em decúbito dorsal (de costas), com os membros inferiores estendidos e as duas mãos posicionadas sobre a nuca. Eleve o membro inferior direito e o tronco num movimento de rotação, procurando aproximar o joelho direito do cotovelo esquerdo, contraia o abdome e volte à posição inicial; repita o movimento para o lado oposto. Expire na subida e inspire na descida.

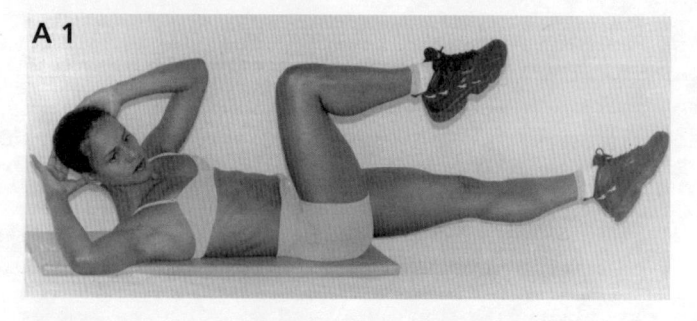

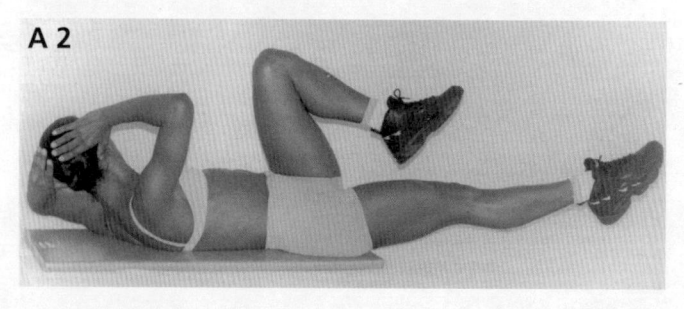

8. Posição em decúbito dorsal (de costas), com os braços apoiados no solo paralelamente ao corpo, eleve ligeiramente o quadril o máximo possível, contraindo o abdome, sem flexionar as pernas que estão estendidas e elevadas. Cuidado para não balançar as pernas, movimento pendular. Volte à posição inicial. Expire na subida e inspire na descida.

9. Posição em decúbito dorsal (de costas), uma perna com o joelho flexionado e o pé elevado e a outra perna cruzada com o tornozelo apoiado sobre o joelho oposto. Eleve os membros inferiores de encontro ao tronco, contraindo o abdome e volte à posição inicial. Expire na subida e inspire na descida. Variações:

Uma mão na nuca e a outra na coxa. Depois inverta a posição e o lado das mãos

Os braços paralelos ao corpo

Um braço paralelo ao corpo e uma mão na nuca. Depois inverta a posição e o lado do braço e da mão

10. Pegue dois *steps*, coloque um no chão e outro apoiado nele. Deitado em posição de decúbito dorsal (de costas), no *step* inclinado e com os joelhos flexionados e elevados (sem o apoio dos pés no solo). Os braços devem ficar paralelos ao corpo e as mãos apoiadas no quadril; procure trazer os joelhos em direção ao tronco contraindo o abdome e volte à posição inicial. Expire na subida e inspire na descida. Cuidado com as amplitudes exageradas.

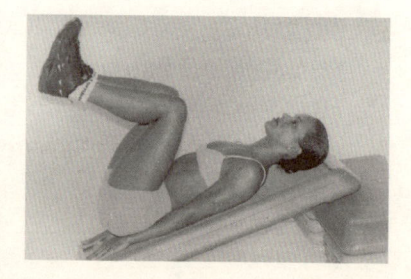

11. Posição em decúbito dorsal (de costas), com o joelhos flexionados e os pés apoiados numa cadeira ou *step*. Procure elevar o tronco lentamente até 45° contraindo o abdome e volte à posição inicial sem que os ombros toquem o solo. Faça uma amplitude média (o músculo não está totalmente contraído e nem alongado), olhe para frente sem forçar o pescoço. Expire na subida e inspire na descida. Variações:

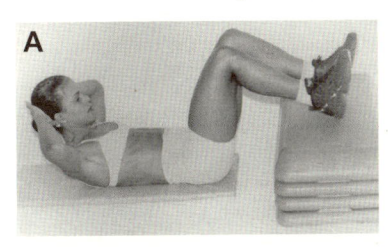

Mãos na nuca

Mãos na cabeça

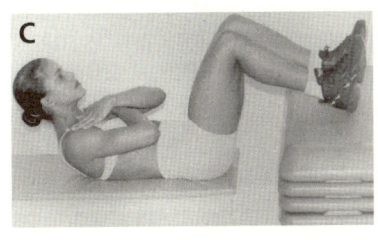
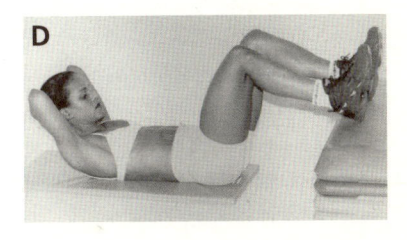

Braços cruzados na altura do peito

Braços cruzados por trás da cabeça

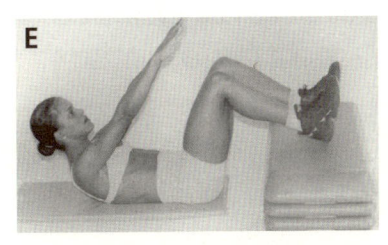
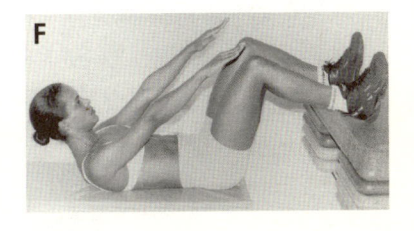

Com os braços elevados à frente do corpo e as mãos unidas

Com os braços elevados à frente do corpo e as mãos afastadas

12. Posição em decúbito dorsal (de costas), com os joelhos fle-xionados, as costas próximas ao tórax, faça um movimento parecido com enrolar, de modo que eleve o sacro, a região lombar e as últimas vértebras dorsais, ou seja, que o joelho se aproxime ao máximo do queixo. Contraia o abdome e volte à posição inicial. Expire na subida e inspire na descida. Variações:

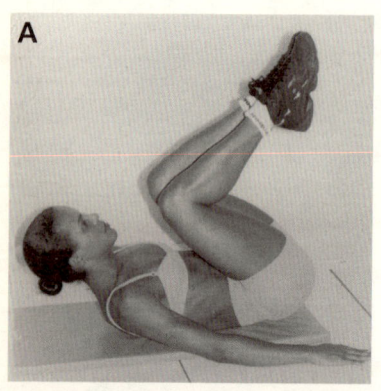

Braços paralelos ao corpo

Braços elevados, prolonga-mento do corpo, com as mãos afastadas

13. Posição em decúbito dorsal (de costas), joelhos flexionados, com os pés apoiados no solo. Eleve o tronco até 45° com os braços estendidos à frente e mãos unidas, contraia o abdome; permaneça por alguns segundos nessa posição e retorne ao início. Este exercício é chamado de isométrico. Evite flexionar o pescoço. Não deve ser executado por pessoas hipertensas. Faça uma respiração normal.

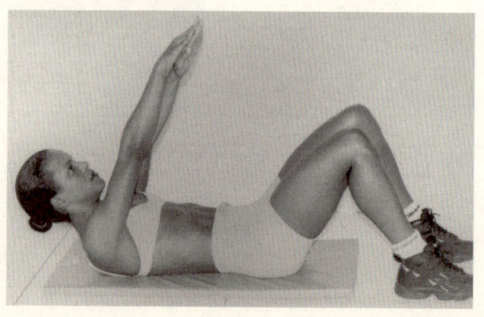

14. Posição em decúbito dorsal (de costas), joelhos flexionados, com os pés apoiados no solo e as mãos sobre a nuca. Eleve o tronco e os membros inferiores ao mesmo tempo do solo, de modo que os joelhos se aproximem ao máximo do cotovelo. Contraia o abdome e volte à posição inicial. Expire na subida e inspire na descida.

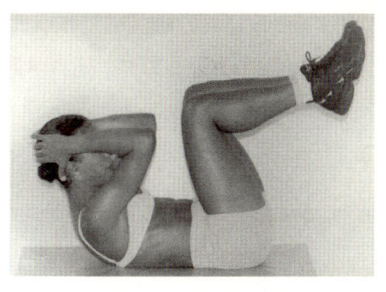

15. Posição em decúbito lateral (de lado), com os joelhos semiflexionados e afastados, eleve o tronco contraindo principalmente os músculos que ficam na parte lateral do seu abdome e volte à posição inicial. Expire na subida e inspire na descida. Procure não forçar o pescoço e nem exagerar nas amplitudes. Variações:

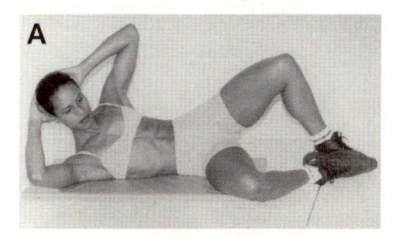

Mãos na nuca

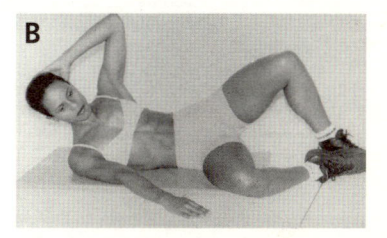

Uma mão na nuca e um braço à frente e paralelo ao corpo. Depois troque a posição e o lado da mão e do braço

Um braço elevado na lateral e paralelo ao corpo e uma mão na nuca. Depois troque a posição e o lado do braço e da mão

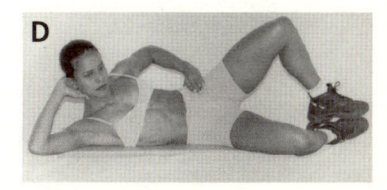

Uma mão na nuca e outra na cintura. Depois troque a posição das mãos

16. Posição em decúbito lateral (de lado), com os joelhos semiflexionados e paralelos. Os membros inferiores devem ficar
fixos. Os braços elevados, prolongamento do corpo, com as
mãos unidas. Eleve o tronco, contraindo principalmente os
músculos que ficam na parte lateral do seu abdome, e volte à
posição inicial. Expire na subida e inspire na descida. Procure
não forçar o pescoço e nem exagerar nas amplitudes.

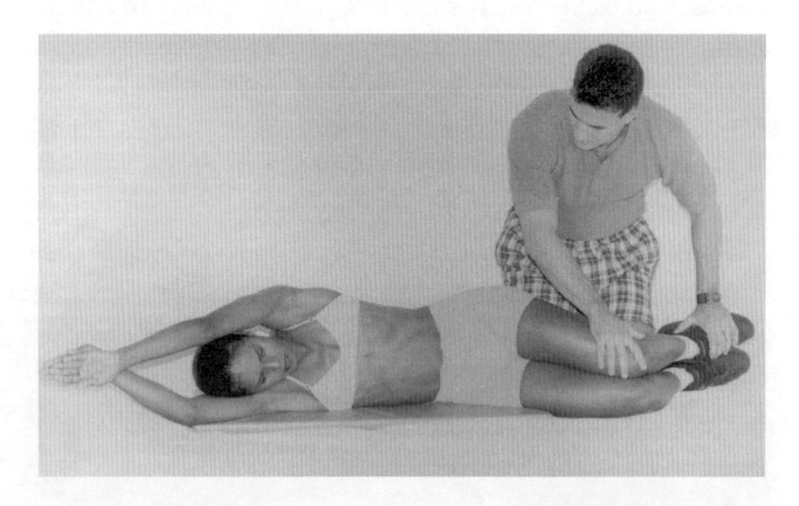

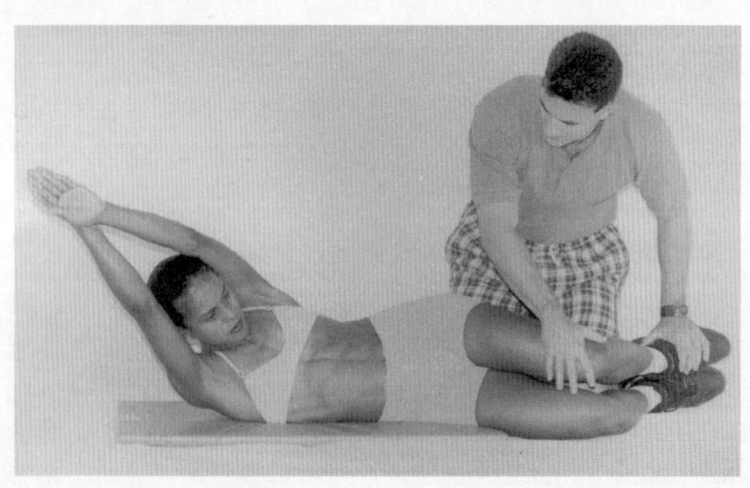

17. Deitado em decúbito dorsal, pernas flexionadas com os dois pés apoiados no solo, coloque uma bola pequena entre os joelhos e eleve o tronco à frente até 45°, contraindo o abdome e os músculos do assoalho pélvico (mantenha-os contraídos por 10 seg), e volte lentamente à posição inicial. Quanto à respiração, expire na subida e inspire na descida.

18. Deitado em decúbito dorsal, pernas flexionadas com os dois pés apoiados no solo, coloque uma bola pequena entre os joelhos. Eleve a pélvis, contraindo os glúteos e o assoalho pélvico (mantenha-os contraídos por 10 seg), e volte lentamente à posição inicial.

Quanto à respiração, expire na subida, encolhendo ao máximo o abdome, e inspire na descida. Variações:

A – Com as mãos do lado do corpo

B – Com os braços estendidos, prolongamento do corpo, com as mãos afastadas

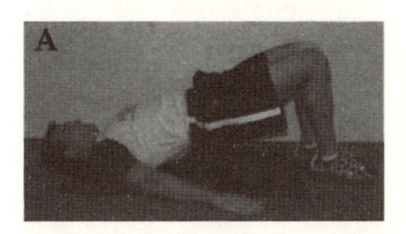 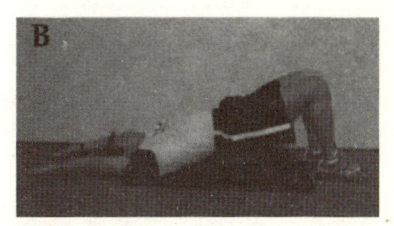

19. Deitado em decúbito dorsal, pernas flexionadas e com um dos pés apoiados no solo, coloque uma bola pequena entre os joelhos e as mãos ao lado do corpo. Eleve a pélvis, contraindo os glúteos e o assoalho pélvico (mantenha-os contraídos por 10 seg), e volte lentamente à posição inicial. Repita o movimento com a outra perna. Quanto à respiração, expire na subida, encolhendo ao máximo o abdome, e inspire na descida.

20. Deitado em decúbito dorsal, pernas flexionadas e os dois pés apoiados na bola grande, e com as mãos ao lado do corpo. Eleve a pélvis até que o corpo esteja em linha reta, contraindo os glúteos e o assoalho pélvico (mantenha-os contraídos por 10 seg), e volte lentamente à posição inicial. Quanto à respiração, expire na subida, encolhendo ao máximo o abdome, e inspire na descida.

 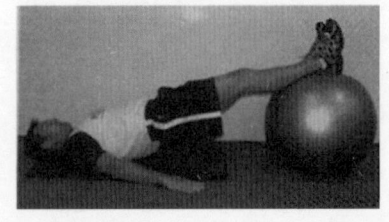

21. Deitado em decúbito dorsal, pernas juntas e estendidas, com os calcanhares no solo, mantenha os ombros e as costas no solo. Segure uma bola grande com as mãos, e mantenha os braços elevados à frente do corpo. Expire para encolher e contrair os músculos abdominais por 10 segundos enquanto vai elevando a bola acima da cabeça bem devagar, e inspire quando voltar à posição inicial. Caso o cliente tenha uma coluna lombar muita rígida, este poderá flexionar os joelhos, para facilitar o exercício.

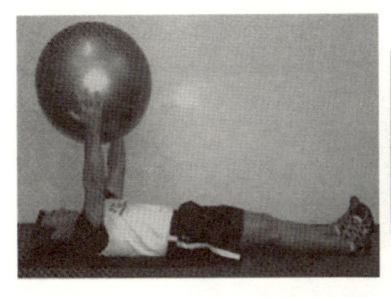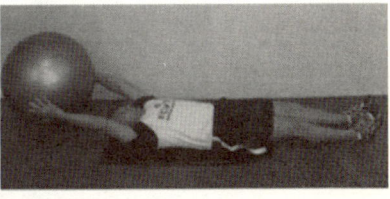

22. Sentado com a coluna ereta na bola grande, com as pernas flexionadas e os dois pés apoiados no solo, não apoie as mãos na bola. Mantendo a postura, expire para encolher e contrair os músculos abdominais por 10 segundos e inspire para relaxar. Este exercício pode ser feito com os olhos fechados.

23. Sentado com a coluna ereta na bola grande, com uma das pernas flexionadas e o pé desta apoiado no solo, não deverá apoiar as mãos na bola. Mantenha a postura, expirando para encolher e contrair os músculos abdominais por 10 segundos enquanto mantém uma das pernas elevadas e inspire quando esta abaixar. É normal inclinar um pouco para trás. Este exercício pode ser feito com os olhos fechados.

24. Sentado na bola grande, na posição de agachamento, com os dois pés apoiados no solo, segure uma bola pequena com as mãos para estabilizar os ombros e rotacione o tronco para direita e depois para esquerda. Quanto à respiração, expire, encolhendo ao máximo o abdome, e inspire ao voltar na posição inicial.

25. Em decúbito dorsal, com os braços apoiados no solo paralelamente ao corpo, as pernas estendidas e elevadas com uma bola pequena entre os tornozelos. Desça lentamente as pernas para a direita, retorne ao centro, depois desça para a esquerda (as pernas não precisam tocar o chão), mantendo os ombros no solo. Quanto à respiração, expire, encolhendo e contraindo ao máximo o abdome, ao mesmo tempo em que aperta a bola, e inspire ao voltar na posição inicial (centro).

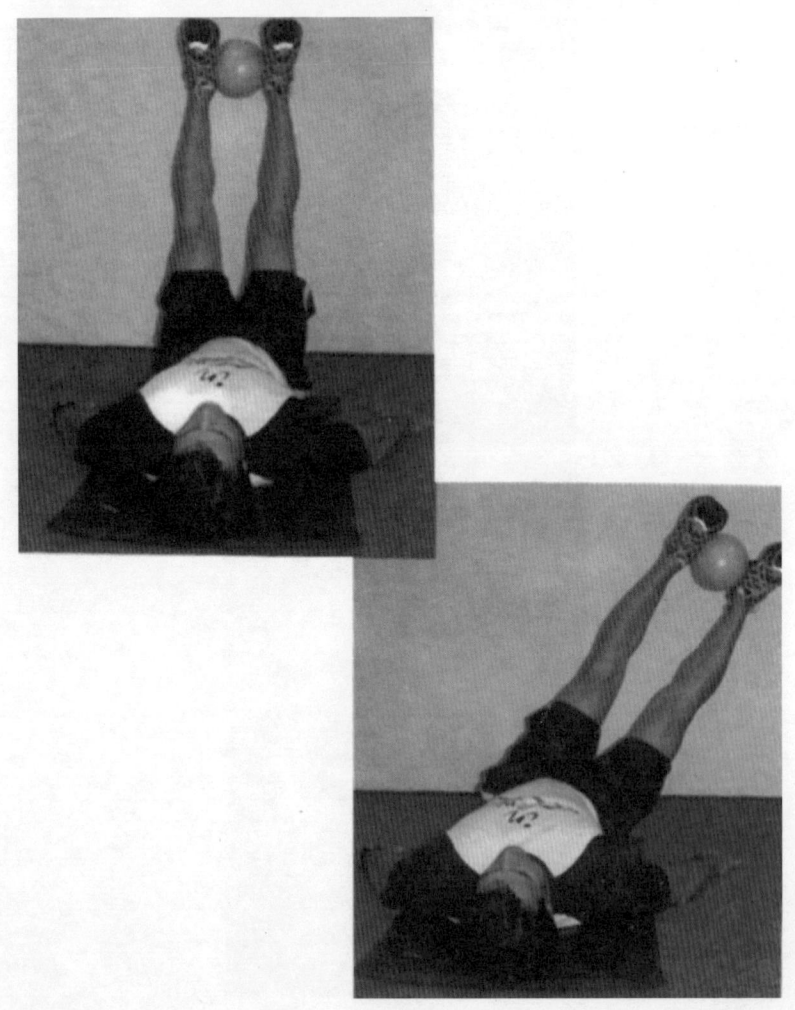

26. Deitado em decúbito lateral, com as pernas estendidas, coloque uma bola pequena entre os tornozelos, eleve as pernas do solo e volte lentamente à posição inicial. Quanto à respiração, expire para apertar a bola e levantar os MMII e inspire na descida.

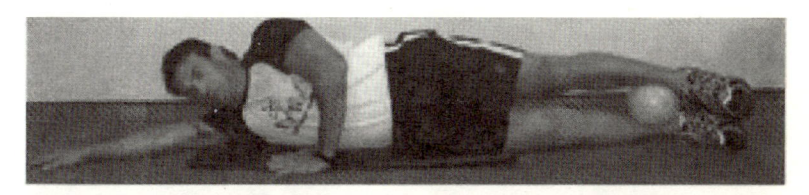

27. Em decúbito lateral, com um dos braços no prolongamento do corpo acima da cabeça e o outro apoiado à frente do tronco, estando as pernas estendidas, realizar uma flexão lateral, elevando do solo, ao mesmo tempo, o braço e as pernas. Expire quando os membros estiverem elevados e inspire quando estiverem no solo.

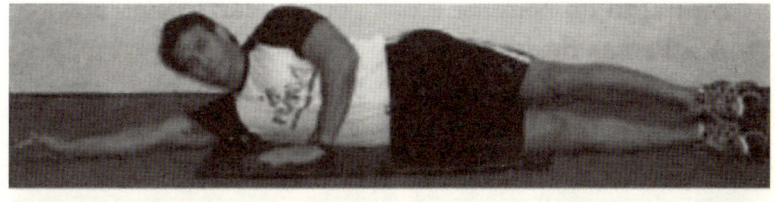

28. Apoiado numa bola grande, em decúbito lateral, com os braços cruzados à frente do corpo, tendo uma perna estendida e a outra flexionada. Expire para contrair e encolher o abdome ao mesmo tempo em que levanta o tronco lateralmente e inspire para voltar à posição inicial.

29. Em equilíbrio, sentado, pressionando o sacro contra o solo, mantendo as pernas flexionadas ou estendidas sem que os pés toquem o solo, coloque uma bola pequena entre os joelhos e deixe os braços afastados elevados à frente do corpo. Quanto à respiração, expire para encolher e contrair os músculos abdominais por 10 segundos, ao mesmo tempo em que apertar a bola, e inspire para relaxar a contração do abdome e das pernas. Variações:

A – Pernas flexionadas
B – Pernas estendidas

30. Sentado sobre uma bola grande, este exercício de equilíbrio trabalha com os músculos profundos do tronco. Para isso, os pés não devem tocar o solo. Certifique-se de que o espaço ao redor da bola esteja livre de qualquer coisa que possa ferir o cliente, caso este perca o equilíbrio. Permaneça nesta posição, com uma respiração normal, por 15 segundos.

31. Em pé sobre um *balance disc*, este outro exercício de equilíbrio trabalha com os músculos profundos do tronco e dos membros inferiores. Certifique-se de que o espaço ao redor do *balance disc* esteja livre de qualquer coisa que possa ferir o cliente, caso este perca o equilíbrio. Permaneça nesta posição, com uma respiração normal, por 15 segundos.

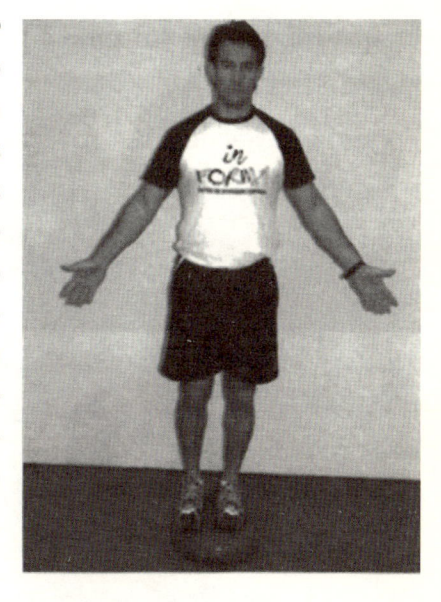

32. Apoiando as pernas e os pés numa bola grande, e com as mãos no chão, mantenha o alinhamento das costas. Expire para contrair os glúteos e o abdome, permanecendo nesta posição por uns 10 segundos, e depois relaxe. Este exercício é conhecido como "prancha".

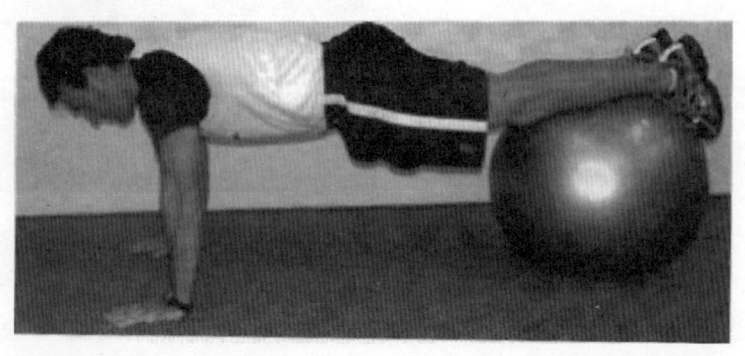

33. Apoiando as pernas e os pés numa bola grande, e com as mãos no chão, expire contraindo e encolhendo o abdome ao mesmo tempo em que está flexionando os joelhos e o quadril; inspire voltando à posição inicial da prancha.

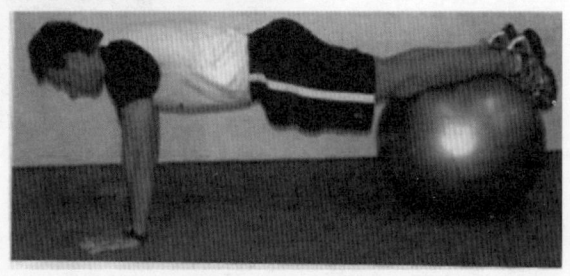

34. Com o abdome e a pélvis apoiados sobre uma bola grande, estando os braços paralelos ao corpo, eleve um pouco o tronco e mantenha-o estático por 10 segundos, enquanto contrai e encolhe o abdome, lembrando que este movimento é minúsculo.

35. Em decúbito ventral, com os braços estendidos confortavelmente à frente da cabeça, as pernas estendidas e os pés relaxados, levante um dos braços e a perna oposta do solo, até o ponto em que as costas sejam forçadas a comprimir o esterno e a pelve contra o colchonete, e se mantenha nesta posição por 10 segundos; depois repita os movimentos com os membros não exercitados. A respiração é feita normalmente.

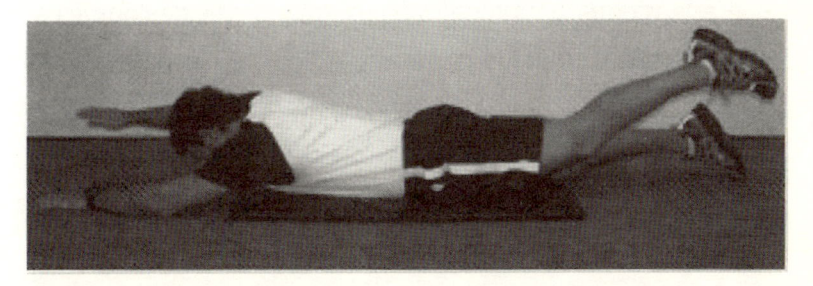

36. Em posição de quatro apoios, mantendo a curvatura natural da coluna, alinhe os braços com os ombros e apoie-se no chão, os joelhos flexionados e alinhados com o quadril. Levante um dos braços e a perna oposta do solo, até criar uma tensão nos deltoides, glúteos e na coluna lombar. Mantenha-se nesta posição por 10 segundos e repita os movimentos com os membros não exercitados. A respiração é feita normalmente.

37. Em suspensão numa paralela, com a coluna lombar apoiada na almofada do aparelho, escápulas abaixadas e juntas, cabeça e pescoço em posição neutra, as pernas unidas, mãos e antebraços apoiados sobre a base, realizar a flexão de quadril e do joelho. É muito importante manter a postura durante todo o exercício, pois a musculatura abdominal e do quadril serão exigidas entre uma repetição e outra, através de contrações isométricas e isotônicas. Expire quando estiver elevando os membros inferiores e inspire quando estiver baixando as pernas lentamente.

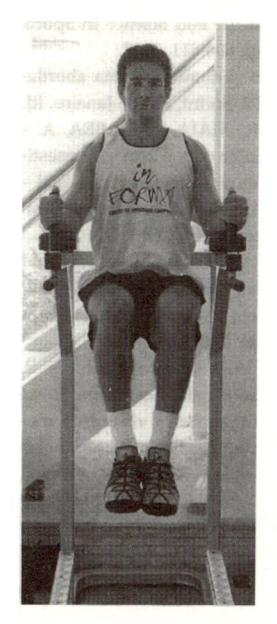

38. Em posição de quatro apoios, com os joelhos flexionados e alinhados com o quadril apoiados no solo e segurando o aparelho com as duas mãos, deslizar a frente até aproximar o tórax no solo e retornar a posição inicial. O uso do peso do corpo como sobrecarga representa uma intensidade muito alta para os iniciantes, o que pode favorecer o agravamento dos riscos de lesões na coluna lombar e ombro. A respiração e feita normalmente.

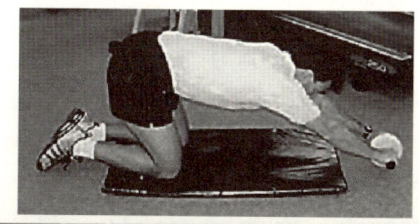

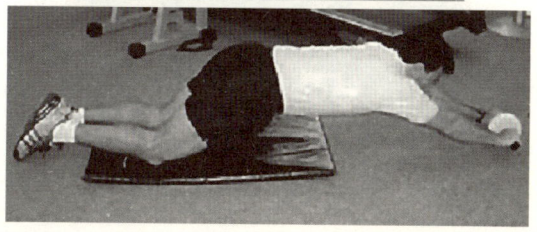

Referências bibliográficas

ABE, T.; KUSUHARA, N.; YOSHIMURA, N.; TOMITA, T.; EASTON, P. A. **Differential respiratory activity of four abdominal muscles in humans**. *Journal Applied Physiology*, v. 80, n° 4, pp. 1379-1389, 1996.

ALCÁZAR, ANTÔNIO. **Ejercicios Abdominales**. Buenos Aires: ARG, 1976.

AXLER, C. T.; McGILL, S. M. **Low back loads over a variety of abdominal exercises: searching for the safest abdominal challenge**. *Medicine and Science in Sports and Exercise*, v. 29, n° 6, pp. 804-811, 1997.

CAMPOS, M. A. **Exercícios abdominais: uma abordagem prática e científica**. Rio de Janeiro: Sprint, 2002.

CHAVES, C.; GARGANTA, R.; MAIA, J.; SEABRA, A. **Efeitos do treino cardiovascular com e sem electroestimulação na depleção de gordura da região abdominal**. 10° Congresso de Ciência do Desporto e de Educação Física dos Países de Língua Portuguesa, FCDEF-UP, 2004.

DOMINGUES FILHO, LUIZ A. **Manual do Personal Trainer Brasileiro**. São Paulo: Ícone Editora, 2006.

DiFIORE, J. **O guia completo para a boa forma física pós--natal**. São Paulo: Manole, 2000.

EVANGELISTA, A. R.; CUNHA, J. R.; VILARDI Jr., N. P. **Estudo comparativo do uso da eletroestimulação na mulher associada com atividade física visando a melhora da performance muscular e redução no perímetro abdominal**. *Revista Fisioterapia Brasil*, v. 4, n° 0, pp. 49-59, 2003.

GARCIA, V.; GRENIER, S. G.; McGILL, S. M. **Abdominal muscle response during curl-ups on stable and labile surfaces**. *Physios Therapy*, v. 80, n° 2, pp. 564-569, 2000.

HALL, SUSAN J. **Biomecânica Básica**. Rio de Janeiro: Guanabara Koogan, 1993.

HEGEDUS, J. **Enciclopédia de La Musculación Desportiva**. Buenos Aires: Stadium, 1977.

JUKER, D.; McGILL, S.; KROPF, P.; STEFFEN,T. **Quantitative intramuscular myoeletric activity of lumbar portions of psoas and the abdominal wall during a wide variety of tasks**. *Medicine and Science in Sports and Exercise*, 1998.

LANGLADE, A. **Gimnasia Especial (corretiva): Curso Teórico**. Buenos Aires: Stadium, 1975.

MESQUITA, L. A.; MACHADO, A. V.; ANDRADE, A. V. **Fisioterapia para redução da diástase dos músculos retos abdominais no pós-parto**. *Revista Brasileira de Ginecologia e Obstetrícia*, v. 21, nº 5, pp. 267-272,1999.

MOLLER, E. S. M.; BLACK, G. L.; FIGUEIREDO, P. P.; KRUEL, L. F. M.; HANISCH, C.; APPELL, H. J. **Comparação eletromiográfica do exercício abdominal dentro e fora da água**. *Revista Portuguesa de Ciências do Desporto*, v. 5, nº 3, pp. 255-265, 2005.

MELLO, P. R. B. **Teoria e Prática dos Exercícios Abdominais**. São Paulo: Manole, 1986.

MCARDLE, W. D.; KATCH, F. I.; KATCH V. L. **Fisiologia do Exercício: Energia, Nutrição e Desempenho Humano**. Rio de Janeiro: Guanabara Koogan, 1998.

NORRIS, C. M. **Treinamento abdominal**. São Paulo: Manole, 1998.

NORRIS, C. M. **Abdominal muscle training in sport**. *British Journal Sports Medicine*, v. 27, nº 1, pp. 19-27, 1993.

POLLOCK, M. L.; WILMORE, J. H. **Exercícios na Saúde e na Doença: Avaliação e Prescrição para Prevenção e Reabilitação**. Rio de Janeiro: Medsi, 1993.

RASCH J. F.; BURKE R. K. **Cinesiologia e Anatomia Aplicada**. Rio de Janeiro: Guanabara Koogan, 1977.

ROSS, R.; JANSSEN, I. **Is abdominal fat preferentially reduced in response to exercise-induced weight loss?** *Medicine and Science in Sports and Exercise*, v. 31, nº 11, Suppl. pp. S568-S572, 1999.

SOUCHARD, PH. E. **Ginástica Postural Global**. São Paulo: Martins Fontes, 1984.

SOUCHARD, PH. E. **Respiração**. São Paulo: Summus, 1989.

SOUCHARD, PH. E. **O Diafragma**. São Paulo: Summus, 1989.

VAZ, M. A.; GUIMARÃES, A. C.; CAMPOS, M. I. A. **Análise de exercícios abdominais: um estudo biomecânico e eletromiográfico**. *Revista Brasileira de Ciência e Movimento*, v. 5, nº 4, pp. 18. 39, 1991.

WARDEN, S. J.; WAJSWELNER, H.; BENNELL, K. L. **Comparison of abshaper and conventionally performed abdominal exercises using surface electromyography**. *Medicine and Science in Sports and Exercise*, v. 31, nº 11, pp. 1656. 1664, 1999.

Capítulo VI

Alimentação e nutrição

Gleice Laport Domingues
Formada em Nutriçao – UNIMONTE
Nutricionista do SESI e UNIMED – Acre, AC
glelaport@hotmail.com

Fazer uma alimentação saudável e correta é um dos fatores de equilíbrio para uma digestão perfeita e um melhor fornecimento de energia para o organismo.

Essas energias são necessárias para manter a vida e atividade muscular, reparar e manter o crescimento celular, prevenir e auxiliar no tratamento de doenças e outras inúmeras funções.

A boa nutrição é importante para a saúde, sendo a qualidade dos alimentos fundamental para o bem-estar do ser humano.

Uma alimentação apropriada é aquela que é tanto adequada quanto balanceada e contém variações individuais, tais como a idade e o estágio de desenvolvimento, preferências de paladar e hábitos alimentares.

A presença ou ausência de um nutriente essencial pode afetar a disponibilidade, absorção e/ou necessidades dietéticas de outros. Dessa maneira, o indivíduo tem uma variedade infinita de alimentos para obter uma alimentação completa e sem exageros.

Comer em excesso acarreta sérios problemas à saúde e não traz nenhum benefício ao corpo.

No Brasil, conforme uma pesquisa do Instituto Brasileiro de Geografia e Estatística (2003), o excesso de peso afetava 41,1% dos homens e 40% das mulheres, sendo que a obesidade afetava 8,9% dos homens e 13,1% das mulheres adultas do país, ou seja, eles apresentavam uma massa corpórea superior ao normal. Conclusão: estamos nos alimentando melhor, nos exercitando menos e ganhando mais peso enquanto isso.

Quando se fala em alimentação correta, ela nada mais é do que o consumo de nutrientes que são encontrados no nosso dia a dia. De maneira geral deverá ser:

- **Apetitosa –** a apresentação do alimento é importantíssima, pois ingerimos com a boca, mas comemos com os olhos.
- **No horário –** ter e manter um horário fixo para as refeições.
- **Natural –** é mais fácil para digerir e o organismo assimila mais rápido. Deve-se evitar ao máximo os alimentos artificiais.
- **Variada –** o nosso país é rico em diversificação de alimentos e deve levar em conta os fatores dietéticos próprios de cada região. Por isso, faça uma alimentação mista: animal e vegetal.
- **Balanceada –** ou equilibrada, tendo um pouco de tudo e que contenha todos os nutrientes necessários para o dia a dia, pois não existe nenhum alimento que sozinho contenha todos os nutrientes necessários ao organismo.

Em relação aos nutrientes, estas são as substâncias encontradas nos alimentos, sendo eles:

- **Carboidratos ou glicídios –** também chamados de energéticos, pois fornecem energia para o nosso corpo. 1 grama possui 4 calorias.

- **Gorduras ou lipídios** – também chamados de energéticos; além de fornecerem a energia, ajudam a transportar as vitaminas. 1 grama possui 9 calorias.
- **Proteínas ou protídios** – são chamados de construtores, pois constroem e conservam o nosso organismo. 1 grama possui 4 calorias.
- **Vitaminas e sais minerais** – são chamados de reguladores, pois ajudam no bom funcionamento do organismo.
- **Água** – hidrata o organismo e transporta os nutrientes.

Dieta para "tirar a barriga" não existe, já que é difícil perder peso apenas nessa região. Temos observado que alguns equipamentos indicados para exercitar a região abdominal têm na sua publicidade a relação do aparelho com a perda de peso e a definição da musculatura. Muitos deles vêm acompanhados com livros, vídeos e CDs, com o intuito de mostrar como devem ser feitos os exercícios naquele aparelho e ao mesmo tempo orientam o cliente a ter um acompanhamento nutricional, pois sabem que o exercício abdominal não tem como fonte energética a gordura e por isso só com o exercício não há como emagrecer. Por outro lado, alguns alimentos devem ser evitados por mais saborosos que pareçam e outros podem ajudá-los no combate ao problema. A grande maioria dos indivíduos que possui um baixo grau de condicionamento físico, quando opta pela prática do exercício físico, inicialmente creem que o apetite será aumentado, devendo consumir quase o dobro de comida, quando na verdade as pessoas que fazem alguma atividade física diária ou se exercitam regularmente devem comer somente o necessário e de acordo com o seu gasto calórico.

Algumas sugestões são sempre úteis e mencionadas para que fique claro que certas trocas são benéficas para a saúde, como:
- Procure diminuir a quantidade de sal, use sempre temperos naturais como cebola, alho, limão e cheiro verde.

- Evite ou reduza o consumo de açúcar refinado.
- Dê preferência a queijos brancos e leite semidesnatado e desnatado.
- Evite o consumo exagerado de enlatados.
- Cuidado com o consumo exagerado de bebidas alcoólicas, sendo que 1 grama de álcool possui 7 calorias.
- Reduza a quantidade de cafezinhos consumidos ao longo do dia.
- Utilize pouca quantidade de óleos vegetais (algodão, canola, girassol e milho).
- Evite ou substitua os molhos à base de maionese e creme de leite por iogurte desnatado ou molho vinagrete.
- Evite o consumo de frituras, opte por assados e grelhados.
- Evite o refrigerante, prefira as frutas *in natura* ou vitaminas com leite desnatado.
- Bebidas gaseificadas dificultam a digestão e dilatam o intestino, provocando uma barriga temporária.
- Carnes brancas devem ser consumidas no mínimo quatro vezes por semana.
- Procure orientação de um nutricionista quanto ao consumo de produtos *diets* e *lights*.
- Consuma com moderação frutos do mar e miúdos por conterem uma quantidade significativa de colesterol.
- Mastigue bem os alimentos.
- Cuidado com refeições fora de casa.
- Faça exercícios físicos, dê preferência a horários antes do almoço ou jantar, com orientação de um profissional de Educação Física.
- Lembre-se de que durante o sono o seu metabolismo é mais lento e o organismo tende a reter o que é consumido em forma de gordura.
- Não coma depressa e nem deixe de mastigar direito, pois isso compromete o processo digestivo ocorrendo a má digestão, além da dilatação do estômago (estômago alto);

- Evite ser radical e não elimine totalmente os alimentos que lhe dão prazer, apenas reduza a quantidade.
- Para que uma alimentação seja considerada variada, ela deve conter alguns alimentos considerados básicos pelos nutricionistas, como:
  - Cereais integrais e derivados
  - Leguminosas, oleaginosas e sementes secas
  - Verduras e legumes frescos
  - Frutas frescas
  - Carnes brancas, carnes vermelhas e derivados
  - Leite e derivados
  - Óleos*
  - Doces*
  - Bebidas*

* Sendo os três últimos consumidos com o máximo de moderação.

A maioria das pessoas já deve ter ouvido falar de "roda dos alimentos" e "roda da saúde"; ela serve para escolher um alimento de cada grupo nas refeições principais: café da manhã, almoço e jantar. Com isso, a alimentação será sempre equilibrada e variada. Use a criatividade para preparar as refeições (pratos e cardápios).

Roda dos alimentos

As pessoas geralmente não têm acesso a informações sobre nutrição para que possam adequar sua dieta a partir da recomendação quanto aos nutrientes. A roda dos alimentos pode auxiliar nesse sentido quando usada corretamente. De acordo com ela, os alimentos podem ser classificados em:

- **Construtores:** são ricos em proteínas e responsáveis pelo crescimento, pela construção dos tecidos e pela reparação do desgaste natural destes. 2 a 3 porções ao dia.
- **Energéticos:** são carboidratos complexos, sendo responsáveis por gerar energia para que o organismo possa realizar suas funções normais. 6 a 11 porções dia. Lembrando que os energéticos extras como açúcar, óleo, gordura, doce e sal devem ser consumidos com moderação.
- **Reguladores:** fornecem fibras, vitaminas e minerais. São responsáveis pelo bom funcionamento das células e manutenção da saúde. 3 a 5 porções ao dia.

RODA DOS ALIMENTOS

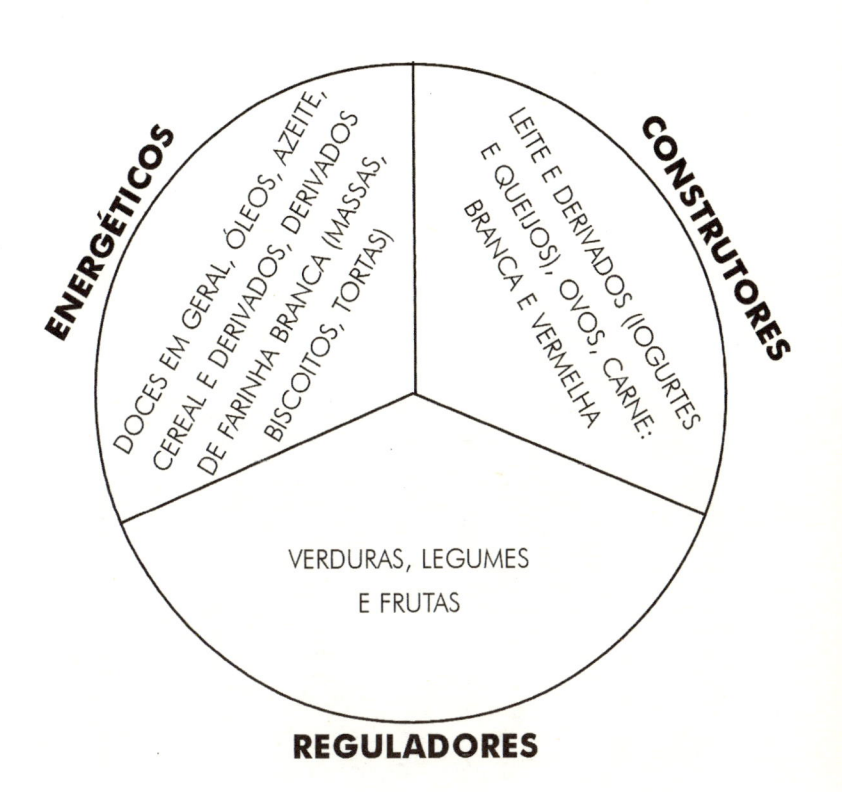

ENERGÉTICOS
DOCES EM GERAL, ÓLEOS, AZEITE, CEREAL E DERIVADOS, DERIVADOS DE FARINHA BRANCA (MASSAS, BISCOITOS, TORTAS)

CONSTRUTORES
LEITE E DERIVADOS (IOGURTES E QUEIJOS), OVOS, CARNE: BRANCA E VERMELHA

VERDURAS, LEGUMES E FRUTAS

REGULADORES

RODA DA SAÚDE

O equilíbrio dos alimentos

Em cada um dos quatro grupos de alimentos represen-tados na roda da saúde, a abertura dos raios corresponde à proporção correta na dieta saudável. As gradações corres-pondem ao valor calórico.

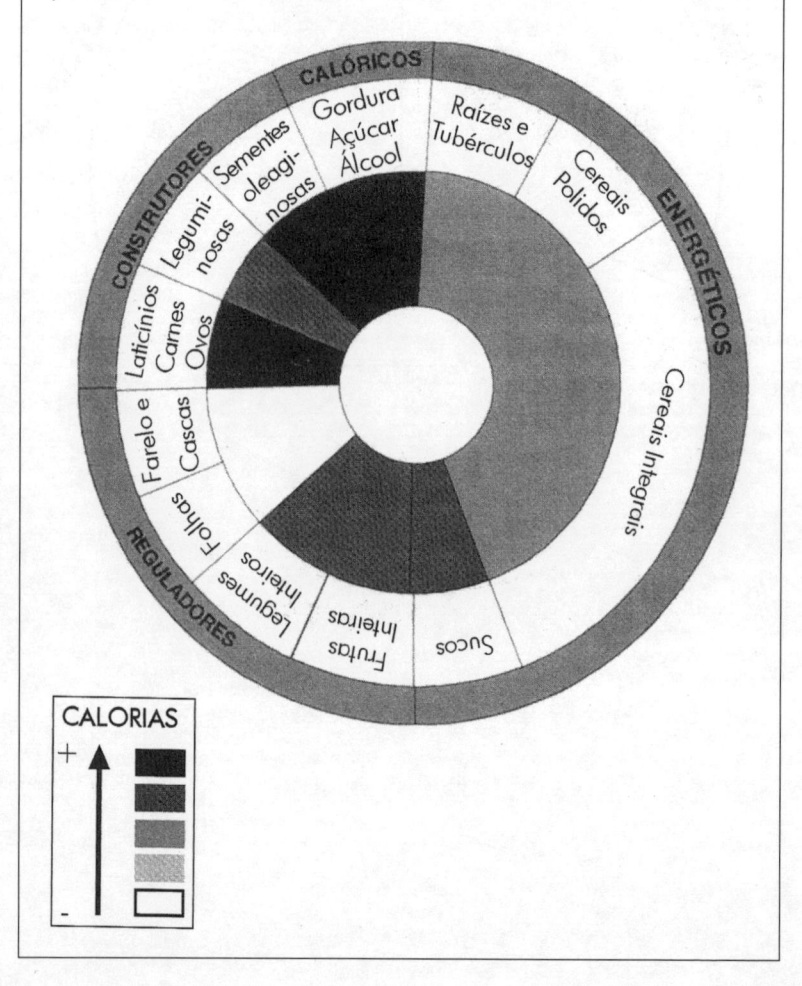

O equilíbrio dos alimentos

Como já foi mencionado, o principal propósito do consumo de diversos tipos de alimentos é a obtenção de nutrientes que possuem uma ou mais funções bioquímicas e/ou fisiológicas em nosso organismo. Segundo Williams (2002), nossa saúde depende de mais de 40 nutrientes essenciais, ou seja, eles não são produzidos pelo organismo.

Toda atividade física requer energia, para isso o organismo converte os alimentos em reservas de energia, que deve estar acessível em todas as ocasiões. Este processo começa quando o alimento é transformado através de processos digestivos no estômago e nos intestinos, passando a liberar nutrientes como: aminoácidos, glicose e ácidos graxos.

A energia dos alimentos é medida em caloria (que nada mais é do que a energia liberada a partir da queima de gorduras, carboidratos e proteínas), indiferente para quem quer que seja, obeso ou não. Como a caloria é uma unidade pequena, ao medirmos o valor energético do alimento usamos a quilocaloria (1 kcal = 1.000 calorias). O número de calorias diárias necessárias depende do grau de atividade física e do gasto energético em repouso. Para aqueles que participam de um programa de exercícios físicos regular, o gasto calórico tende a ser maior.

Portanto, se o indivíduo não fizer um controle em relação ao que consome e o que gasta, o organismo poderá descompensar acarretando sérios problemas de saúde, como infarto, problemas de circulação, problemas cardíacos, *Diabetes Mellitus*, entre outros.

Para a pessoa que se exercita regularmente e tem uma alimentação pobre em nutrientes, ou seja, não se alimenta direito, o corpo com certeza irá sofrer sérios problemas com falta de macronutrientes (carboidratos, lipídeos e proteínas) e micronutrientes (vitaminas e sais minerais), a curto e a longo prazo.

Em relação a um abdome e corpo perfeito, o indivíduo que deixa de se alimentar "acreditando" que dessa forma conquistará mais rápido o seu objetivo está enganado. Pois ocorre o inverso, além de colocar em risco a sua saúde, o seu treinamento poderá ser comprometido. Volto a frisar, sem uma alimentação balanceada e adequada, de nada vai adiantar o mais elaborado dos treinamentos.

A dieta correta é aquela que contém todo tipo de alimento e em quantidade suficiente para suprir suas necessidades, sendo ideal 6 refeições (3 lanches pequenos e as 3 refeições principais) ao contrário de 3 grandes (café da manhã, almoço e jantar), em que devem ser evitadas a fritura e a gordura em excesso; carboidrato simples deve ser substituído pelos integrais, pois demoram mais tempo no organismo dando uma sensação de saciedade maior.

Existem alguns sintomas que são causados por uma má alimentação e que devem ser resolvidos com um nutricionista, sem precisar recorrer a suplementos e/ou complementos que nos dias de hoje viraram moda.

Foram separadas algumas das deficiências mais comuns e alguns dos sintomas causados pela má alimentação. Quando um cliente tem:

- Irritação, fraqueza, sonolência, constante cansaço e dor de cabeça, estes são sintomas de falta de Ferro, para isso basta comer carnes brancas e vermelhas, fígado, gema de ovo, cereais, feijão, folhas verde-escuro.
- Falta de energia e de disposição, queda de cabelo e rachadura no canto da boca, estes são sintomas de carência de vitaminas do complexo B, encontradas na carne, leite e seus derivados, grãos, vegetais e frutas.
- Pouca resistência às infecções e sangramento da gengiva, neste caso a falta é de vitamina C, encontrada nos vegetais e frutas,

preferencialmente ácidos e frescos, mas tem um detalhe: têm que ser ingeridos crus.

- Unhas quebradiças e cabelo sem brilho e quebradiço, isto quer dizer que faltam proteínas e a pessoa tem que comer mais carnes brancas e vermelhas, ovos e grãos.
- Dificuldade ou aumento no tempo de cicatrização, isto é, falta de zinco, a pessoa tem que comer carnes, fígado, peixe, ovos e leite.
- Deficiência no crescimento e no desenvolvimento ósseo, isto está relacionado à falta de cálcio e vitamina A, neste caso a pessoa deve se alimentar de leite e derivados, vegetais e frutas.

Eu separei algumas atividades físicas e desportivas, assim como alguns alimentos, a fim de mostrar a quantidade de calorias gastas ou ingeridas. Os valores aqui apresentados são valores médios obtidos de várias tabelas (ANVISA, 2003).

Tabela de gastos calóricos

30 minutos de atividades
físicas esportivas ou não

Atividade	Caloria
alongamento	90
amamentar	54
andar a cavalo	81
andar de patins	196
andar de bicicleta	126
andar acelerado	276
andar em esteira ergométrica	156
andar rápido em esteira ergométrica	270
andar em areia dura	156
andar em areia fofa	192
andar na areia molhada que afunda	193
andar no mar com água nas canelas	139
arrumar a cama (solteiro/casal)	66
arrumar a mala (tamanho padrão)	59
assistir televisão	41
aula de circuito *training*	339
bater à tecla do computador	48
bater palmas	49
beber água	42
beijar	31
bicicleta ergométrica	250
bicicleta (competição)	365
calçar meias/tênis/sapato	48
cantar	57
carregar o bebê no colo	72
compras no supermercado	72
correr rápido (12 km/h)	445
correr em terreno plano	310
correr em terreno irregular	321
correr em areia fofa	372

Atividade	Caloria
correr na subida	398
cozinhar	87
dançar	201
depilar as pernas com cera (quente/fria)	54
depilar as pernas com gilete	48
desenhar	59
dormir	31
dirigir carro	83
dirigir moto	95
empurrar carrinho de bebê	78
escovar os dentes	41
escalar montanha	288
escalar paredão	246
esgrima	237
esquiar na água	312
esquiar na neve	282
fazer manicure/pedicure	57
fazer sauna seca	102
fazer sauna a vapor	114
ginástica aeróbica	201
ginástica localizada	132
ginástica olímpica	210
gritar	48
halterofilismo	243
hidroginástica	151
ioga	37
jogar basquete	280
jogar frescobol	186
jogar futebol	330
jogar handball	290
jogar squash	312
jogar tênis simples	243
jogar tênis dupla	139
jogar polo aquático	307

Atividade	Caloria
jogar videogame	54
jogar vôlei de praia	153
jogar vôlei na quadra	105
jogar tamboréu	131
ler	48
lutar boxe	305
lutar capoeira	270
lutar caratê	289
lutar jiu-jitsu	278
lutar judô	285
lutar kung fu	275
lutar tae kwon do	279
marchar	67
meditar	24
musculação	162
nadar crawl	251
nadar de costas	248
nadar borboleta	279
nadar peito	257
praticar mergulho (cilindro)	114
praticar snorkel	86
pular carnaval	310
pular corda	213
pular de paraquedas	135
pular de *paraglider*	143
remar	281
salto em altura	298
salto em extensão	296
sentar e levantar	63
sexo	340
step	210
subir escadas	183
tocar bateria	116
tocar flauta	66

Atividade	Caloria
tocar guitarra/baixo	79
tocar piano	68
tocar violão	79
tomar banho de chuveiro	54
tomar sol	32

Tabela calórica dos alimentos

(porção, unidade, colher, taça, copo)

Carnes, Aves e Peixes	caloria
atum em conserva	121
bacalhau cozido	152
bacon	665
bife frito	324
bife à parmegiana	700
bisteca de porco	240
coxa de frango assada	142
coxa de frango cozida	142
carne assada	112
camarão frito	310
frango à passarinho	484
feijoada (complementos)	380
filé de pescada	107
faisão	144
hambúrguer	94
lagosta cozida	98
linguiça calabresa	380
lombo de porco assado	272
leitão	380
lula	87
ostra	89
omelete	208
ovo cozido	75

Carnes, Aves e Peixes	caloria
ovo frito	108
ovo de codorna	159
picanha	223
peito de frango à milanesa	581
peito de frango assado	163
peito de frango à parmegiana	695
peito de peru cozido	153
peito de peru defumado	93
peixe grelhado	107
presunto cozido	103
pernil de porco	393
perna de cabrito assada	357
perna de carneiro assada	236
sardinha em conserva	194
siri	101
estrogonofe	396
sushi de peixe cru	54
rã	88
rosbife	132
salame	74
salaminho	277
salsicha	165
tender	210
Laticínios	**caloria**
leite desnatado	72
leite integral	122
leite de cabra	184
leite em pó desnatado	73
leite em pó integral	145
iogurte natural	152
iogurte desnatado	85
Queijos	**caloria**
queijo branco fresco	93
queijo minas frescal	61

Queijos	caloria
queijo camembert	68
queijo catupiry	63
queijo cottage	21
queijo gorgonzola	99
queijo mussarela	81
queijo parmesão	101
queijo prato	88
queijo provolone	84
queijo de soja	101
requeijão	28
requeijão light	27
ricota	45

Temperos	caloria
catchup	20
maionese	199
molho inglês	09
molho shoyu	19
molho agridoce	31
mostarda	39
molho tártaro	201
molho rosé	99

Gorduras	caloria
azeite	90
azeite de dendê	31
bacon defumado cozido	85
creme de leite	37
manteiga	38
margarina	38
óleos vegetais	90
óleo de peixe	96
óleo de coco	135

Bebidas	caloria
água	00
água de coco	36

Bebidas	caloria
café sem açúcar	03
achocolatado c/ leite integral	165
caipirinha de vodca	376
cerveja	84
chá sem açúcar	04
champanha	84
conhaque	49
chope	125
guaraná	78
Coca-cola	91
Fanta	129
Sprite	115
licor	103
limonada sem açúcar	05
Martini	140
milk-shake de chocolate	410
saquê	50
suco de laranja	128
suco de mamão com laranja	136
suco de melancia	31
suco de uva	123
uísque	112
vinho branco	85
vinho tinto	84
vinho do porto	158
vodca	74
vitamina de frutas com leite	192
coquetel de frutas	155
Gatorade	45
Taffman-E	72
Verduras	**caloria**
acelga cozida	29
agrião	06

Verduras	caloria
alcachofra cozida	17
almeirão refogado	20
alface	06
alho	04
brócolis	49
couve refogada	09
cebolinha	03
cheiro-verde	04
chicória	11
escarola	06
espinafre cozido	20
gengibre	09
pimentão	14
repolho cru	08
tomate	20

Legumes e Raízes	caloria
abóbora	17
abobrinha cozida	20
batata-doce cozida	114
batata	60
berinjela	15
beterraba	38
brócolis cozido	22
cenoura cozida	32
cenoura crua	50
cebola	31
chuchu	23
cogumelo	03
couve-flor	25
gengibre	09
mandioca cozida	142
palmito	03
pepino	18
quiabo	08

Legumes e Raízes	caloria
rabanete	12
vagem	34

Grãos e Farináceos	caloria
arroz branco cozido	146
arroz integral cozido	140
aveia	61
batata cozida	68
batata frita	274
batata-doce	125
canelone	92
ervilha fresca	14
farinha de trigo	72
farinha láctea	43
feijão cozido	210
gérmen de trigo	55
lasanha	620
lentilha cozida	35
macarrão	180
macarrão com molho	201
macarrão à bolonhesa	360
macarrão aos 4 queijos	592
mandioca cozida	119
mandioca frita	352
milho verde	244
mingau de maisena	182
nhoque sem molho	236
panqueca	260
pizza de mussarela	289
pizza de calabresa	298
pizza de catupiry	382
pizza de champignon	368
pizza portuguesa	449
pizza de frango c/catupiry	368
pizza de atum	308

Grãos e Farináceos	caloria
pizza de 4 queijos	380
purê de batata	118
ravióli sem molho	150
sucrilhos açucarados	110

Frutas	caloria
abacate	324
abacaxi	52
acerola	03
ameixa	44
amora	02
banana-maçã	80
banana-nanica	116
banana-prata	62
caju	55
carambola	20
caqui	127
cereja	07
damasco fresco	19
figo fresco	67
goiaba	50
graviola	60
jabuticaba	05
jaca	52
laranja	43
limão	12
kiwi	60
maçã	95
mamão	68
manga rosa	176
maracujá	90
melancia	31
melão	30
morango	04
nectarina	38

Frutas	caloria
pêra	57
pitanga	15
pêssego	52
tangerina	50
romã	93
uva rubi	82
uva itália	158
uva passa	298
Petiscos e Tira-gostos	**caloria**
amendoim torrado	595
azeitona verde	15
azeitona preta	16
bolinho de bacalhau	142
bolinho de mandioca frito	49
camarão frito	310
castanha de caju	609
caviar	49
coxinha	160
croissant	130
croquete de frango	130
croquete de queijo	123
empada	160
esfirra de carne	160
quibe frito	107
nozes	353
pão de queijo	170
pastel de carne	198
pastel de queijo	130
pipoca	201
provolone	170
rolinho primavera	111
Doces	**caloria**
açúcar branco	99
açúcar mascavo	89

Doces	caloria
bolacha de chocolate	52
bolacha recheada	80
bolo simples	155
bolo c/ cobert. e rech. de chocolate	540
bolo de milho	290
bomba recheada c/creme	498
brigadeiro	101
chantilly caseiro	89
chiclete Ploc	19
chiclete Trident	12
chocolate em tablete	183
cocada	219
doce de leite	145
gelatina	101
geleia de frutas	36
goiabada	82
leite condensado	398
marshmallow	93
mel	62
musse de chocolate	381
pamonha	381
pêssego em calda	67
picolé de frutas	60
pudim de leite	323
queijadinha de coco	204
quindim	475
rapadura	84
rosquinha	58
salada de frutas	230
sorvete de creme	104
sundae completo	1120
suspiro	76
torta de maçã	252
torta de morango	220
waffles	147

Referências bibliográficas

AGÊNCIA BRASILEIRA DE VIGILÂNCIA SANITÁRIA – *www.anvisa. org.br* – acessado em 2003.

CUNHA, L. N. *Diet book*. São Paulo: Mandarim, 1999.

FRANCO, G. **Tabela de composição química dos alimentos**. Rio de Janeiro: Atheneu, 1992.

HENDLER, S. S. **A enciclopédia de vitaminas e minerais**. Rio de Janeiro: Campus, 1994.

INSTITUTO BRASILEIRO DE GEOGRAFIA E ESTATÍSTICA (IBGE) – *www.ibge.gov.br* – acessado em 2003.

MAHAN, KATHLENN; ARLIN, MARIAN. **Alimentação, nutrição e dietaterapia**. São Paulo: Rocco, 1994.

MOTTA, D. G; FABER BOOG, M. C. **Educação Nutricional**. São Paulo: Ibrasa, 1988.

MCARDLE, W. D.; KATCH, F. I.; KATCH V. L. **Fisiologia do Exercício: Energia, Nutrição e Desempenho Humano**. Rio de Janeiro: Guanabara Koogan, 1998.

SETTINERI, L. I. C. **Nutrição e atividade física**. São Paulo: Atheneu, 1987.

WILLIAMS, M. H. **Nutrição para saúde, condicionamento físico e desempenho esportivo**. São Paulo: Manole, 2002.

JORNADA INTERNACIONAL DE MEDICINA DESPORTIVA – São Paulo – 27 e 28/10/95 – Ciclo de Palestras:

    1 – Radicais livres e atividade física;

    2 – Hidratação, carboidratos e *performance*;

    3 – Suplementação de aminoácidos nos esportes;

    4 – Avaliação nutricional em atletas de alto rendimento.

Capítulo VII

Novo enfoque dos exercícios abdominais

José Ametler Pinsach
*Doutorando em Anatomia Morfológica –
Faculdade de Medicina de Santiago de Compostela
Especialista em Musculação e Treinamento Desportivo – INEFC de Barcelona
Licenciado em Educação Física – INEFC de Barcelona
CEO International Institute Hypopressive Physical Therapy
Miembro de la Federación Española de Medicina del Deporte -FEMEDE
Member of the Society of Anti-Aging Medicine
Conferencista tendo ministrado vários cursos e palestras na
Europa, América do Norte e do Sul
Consultor da Compex, Espanha
pitipin@mixmail.com*

Introdução

O crescimento na prática de exercício físico é um indicador das inquietudes de nossa sociedade para obter uma melhora no estilo e na qualidade de vida. Cada vez mais estão surgindo novas pesquisas que demonstram os benefícios alcançados por parte das pessoas que praticam de forma regular o exercício físico, acompanhado ou não de uma dieta adequada, o que acaba auxiliando numa grande divulgação para aqueles que por algum motivo ainda não começaram a se exercitar.

Com as informações existentes sobre os benefícios da prática de exercício físico, deve-se ter em conta as características anatômicas, fisiológicas e biomecânicas e contemplar todos os avanços baseados em estudos científicos que nos dirigem para a correta realização das práticas físicas.

Este capítulo proporciona uma nova proposta metodológica para a realização dos exercícios abdominais, que têm por objetivo melhorar a saúde, a estética e a qualidade de vida. Contempla os objetivos comuns, conscientes e inconscientes, das pessoas que praticam atividade física e, mais concretamente, os exercícios abdominais.

Até agora, a execução dos exercícios abdominais tem sido muito analítica, com total esquecimento de que supõe o conceito de globalidade e das interações que a realização destes pode causar ao períneo, a parede abdominal, aos discos intervertebrais: lombares, torácicos e cervicais.

É comum a realização de determinados exercícios abdominais sem conhecimento exato da ação e da função muscular concreta dos músculos implicados no movimento. Repete-se um estereótipo porque sempre foi feito assim. Ampliar nossos conhecimentos e aplicar metodologias apoiadas em investigações científicas proporciona novos e melhores resultados.

Sou consciente de que nas academias, nos clubes, ao ar livre e nas próprias residências vêm sendo realizados e executados, por prescrição de profissionais das áreas de ciência do esporte e saúde ou então por conta própria, múltiplos exercícios abdominais que as investigações e as publicações as vezes questionam sua eficácia, como também atribuem efeitos contrários para a saúde daqueles indivíduos que possuem alguma patologia e baixo condicionamento físico e aptidão física.

Para incentivar os colegas à leitura deste polêmico capítulo, recordo uma frase de George Bernard Shaw (2003): *"As pessoas razoáveis adaptam-se ao mundo, as pessoas insensatas fazem com que o mundo se adapte a elas. Por isso progredir depende de pessoas insensatas"*.

Um pouco de história sobre a origem dos exercícios abdominais

Desde a Antiguidade, podemos observar que a musculatura abdominal tinha seu papel de destaque, através de pinturas e esculturas, que realçavam esta área. Mas foi nos anos oitenta que as academias e os clubes, até então dedicados unicamente a melhorar o rendimento desportivo dos seus atletas, de repente perceberam uma grande procura por parte de pessoas que tinham por objetivo melhorar a saúde e a estética corporal.

Nesse momento, os profissionais envolvidos com o treinamento e com a *performance* de atletas começaram a transferir os conhecimentos e os exercícios abdominais que utilizavam para melhorar o rendimento desportivo destes indivíduos, sem nenhuma preocupação com a "barriga saliente" ou com o baixo grau de condicionamento físico.

Tudo isso respondia a uma lógica muito simplista. Os exercícios abdominais que eram realizados nos treinamentos pelos atletas sempre foram direcionados aos movimentos que eles iriam repetir dentro do esporte praticado, por exemplo: levantar com rapidez depois de uma queda, chutar uma bola, saltar, pular, arremessar, correr, rolar, assim como outras ações puramente de âmbito desportivo. E justamente estes exercícios abdominais foram prescritos aos indivíduos que buscavam melhorar apenas a estética e a saúde. Era comum ver as pessoas tentando fortalecer a musculatura abdominal deitada no chão, em bancos inclinados ou em suspensão repetindo incansavelmente diferentes tipos de exercícios, mesmo com sobrecargas, sem levar em consideração o seu estado atual de condicionamento físico, desvio postural e a sua utilidade funcional. Mas com o passar do tempo e com o aparecimento de inúmeras pessoas com dores nas costas ocasionadas pelo excesso, foi dado o toque de alerta para que os profissionais tivessem mais cuidados ao prescrever os exercícios abdominais, e que procurassem adequar os movimentos, a velocidade e ângulo de execução conforme as necessidades individuais (individualidade biológica).

Para solucionar o problema, infelizmente, se recorreu de novo à lógica simplista. Concluiu-se que o problema estava nos movimentos demasiadamente amplos que interferiam nos músculos que não se desejava trabalhar, e para isso bastava reduzir a amplitude do movimento. Chegou-se a ditar até o ângulo preciso que podia ser perigoso para a coluna vertebral. Tudo isso sem levar em consideração as diferenças de constituição individual e sem saber algo muito importante: se esses indivíduos queriam os mesmos objetivos dos atletas.

Um dos objetivos dos atletas ao realizar os exercícios abdominais é que estes os tornem fortes e resistentes para suportar toda a carga de trabalho imposta pela sua modalidade esportiva. Para os indivíduos que têm como motivação principal a mera melhoria do aspecto físico ou da saúde, como reduzir o contorno da cintura ou a melhoria da postura, os exercícios e a intensidade a realizar serão um pouco diferentes dos recomendados aos atletas. As últimas investigações e publicações científicas demonstram que devemos fortalecer tanto a musculatura abdominal como os músculos do assoalho pélvico, para isso ao fazermos um planejamento que deve levar em consideração os exercícios específicos para estas musculaturas, a sequência e amplitude do movimento, a postura, a velocidade, a respiração e o tipo de contração muscular.

Incontinência urinária

A musculatura e os ligamentos do assoalho pélvico, localizados na parte inferior da região da pélvis (alguns chamam de bacia), tem como função "segurar" o peso dos órgãos da parte superior do corpo (manter em posição correta e em suspensão os órgãos do baixo abdome: a bexiga, o útero e o reto) e controlar a saída de fezes e de urina. Se essa musculatura não é rígida o suficiente, não consegue suportar a pressão feita, por exemplo, pela bexiga cheia, ocorrendo a perda de urina antes que a pessoa possa chegar ao banheiro.

Incontinência urinária é a perda involuntária de urina e que atinge indivíduos de todas as idades (acomete mais a população idosa) e de ambos os sexos, sendo duas vezes mais comum no sexo feminino, afirma a Sociedade Espanhola de ginecología e obstetrícia (1999). E podem ser classificadas de varias formas, como:

- **Incontinência urinária de urgência** – onde há um desejo de urinar tão forte que o individuo não consegue chegar ao banheiro a tempo. Isso pode acontecer mesmo quando se tem apenas uma pequena quantidade de urina na bexiga. A síndrome da bexiga hiperativa é a principal causa da incontinência urinária de urgência.

- **Incontinência urinária por transbordamento** – ocorre quando a bexiga está sempre cheia, ocorrendo vazamentos. Também pode acontecer de a bexiga não se esvaziar por completo, o que leva ao gotejamento.

- **Incontinência urinária funcional** – ocorre quando um individuo reconhece a necessidade de urinar, mas está impossibilitada de ir ao banheiro devido a alguma doença ou complicação que a impede de chegar ao banheiro por conta própria.

- **Incontinência urinária de esforço** – ocorre quando o individuo é incapaz de reter urina na bexiga durante algum esforço físico, ou seja, tem perda de urina ao espirrar, ao tossir, ao rir, ao levantar algo, ao subir escadas, ao fazer atividades físicas de impacto ou de saltos, ao mudar de posição ou ao fazer algo que ponha a bexiga sob pressão ou estresse. Ela ocorre frequentemente, em homens e em mulheres que tiveram algum tipo de lesão do esfíncter urinário. Muito comum em mulheres pós-menopáusicas, no período gestacional e no pós-parto.

● Incontinência urinária mista os sintomas de incontinência urinária podem se misturar, criando a incontinência mista.

Fatores de risco para incontinência urinária

> **Idade –** a probabilidade de ter incontinência urinaria aumenta com a idade. De três ou quatro em cada 10 mulheres na meia idade e mais velhas, relatam ter algum tipo de incontinência urinária. E entre um a três em cada 10 homens mais velhos relatam ter algum tipo de incontinência urinária.

> **Sexo –** a incontinência urinária é, pelo menos, duas vezes mais comum em mulheres que em homens.

> **Raça –** mulheres brancas são mais propensas a ter incontinência urinária de esforço em comparação com mulheres afro-americanas e asiáticas.

> **Obesidade –** o peso extra tende a aumentar a pressão sobre a bexiga e sobre os músculos ao redor, o que os enfraquece, facilitando a saída de urina.

> **Outras doenças –** doenças neurológicas (como apneia, demência, AVC, Alzheimer etc.) ou diabetes podem aumentar o risco de incontinência urinária.

A sessão de treinamento, quando mal conduzido principalmente nos praticantes de corrida, de salto ou de esportes que envolvam demasiadamente sobrecargas elevadas, tende a expor, quando não adotados cuidados específicos por profissionais responsáveis pelo planejamento e pela orientação, um risco de incontinência urinaria e de queda dos órgãos intra-abdominais (prolapsos). Muitos profissionais de Educação Física e de Fisioterapia alertam sobre a execução dos exercícios abdominais, que, quando realizados sem a conscientização corporal, sem respiração adequada e sem o fortalecimento conjunto da musculatura abdominal e do assoalho pélvico, podem favorecer o surgimento de disfunções que podem criar graves transtornos físicos e psíquicos.

Podemos citar alguns incômodos físicos e psicológicos que as pessoas sofrem, devido a incontinência urinária, que são: depressão, ansiedade, irritabilidade, perda de segurança, perda da auto-estima, sensação de falta de higiene pessoal, necessidade de ir ao banheiro diversas vezes ao dia.

A seguir, separamos algumas citações sobre este tema.

JAUREGUI (1998) cita: "Mais de dois milhões de mulheres na Espanha sofrem problemas de incontinência urinária. Este distúrbio deve-se basicamente à debilidade da musculatura do assoalho pélvico; além disso, muitas práticas desportivas, como a ginástica aeróbica, a corrida e os exercícios abdominais que provocam um aumento da pressão afetam de uma forma direta na força da musculatura pélvica...". "O enfraquecimento da musculatura pélvica que causa a incontinência urinária complica a qualidade das relações sexuais de uma forma notável, pois os orgasmos são menos intensos ou não chegam a alcançar...".

AMOSTEGUI (1999) relata: "É comum mulheres pós-menopáusicas que tiveram filhos padecerem de incontinência urinária por esforço, e algumas mulheres jovens fisicamente ativas ao extremo também podem sofrer deste mal. Toda mulher, fundamentalmente a desportista, deveria conhecer seu períneo, localizá-lo, conhecer sua função. Para ajudar a entender a função do períneo, os profissionais da saúde podem explicar. Entre os fatores etiológicos, se considera como o mais importante o aumento da pressão intra-abdominal, pela prática errônea do esporte ou do exercício abusivo de abdominais incorretos, situação que vai incidir sobre o assoalho pélvico, provocando a degradação progressiva dele mesmo e fazendo-o incompetente para a função de continência urinária...".

www.mifarmacia.es (2001) informa: "O esporte que aumenta a pressão intra-abdominal, e não se equilibra com os correspondentes exercícios para reforçar o assoalho da pelve, o debilita.Isto tem consequências a médio e a longo prazo. É muito frequente encontrar incontinência urinária por esforço em atletas que praticam esportes que sobrecarregam o períneo".

wwwgine3.org.es (2001) comenta: "Existem situações cotidianas em que estes músculos do períneo se deterioram gravemente. A realização de exercício físico incontrolado ou excessivo é uma delas...". "A realização de abdominais, ginástica aeróbica, saltos e outros tendem a favorecer consideravelmente o risco de surgimento de incontinência urinária por esforço."

CALAIS-GERMAIN (1998) alerta: "Um trabalho de reforço abdominal só será nocivo para o períneo se criar uma pressão para baixo, fazendo "abombarse el baixo ventre". É mais conveniente fortalecer os abdominais começando pela contração do assoalho pélvico, e só então continuar com os exercícios abdominais."

GUILLARME (1998) cita: "O enfraquecimento da musculatura torácico-abdomo-perineal parece ser decorrente da orientação dos fluxos de pressão". "A conscientização e orientação correta para exercício abdominal e perineal permite prevenir o aspecto errôneo de execução dos exercícios abdominais tradicionais".

GUILLARME (1998) relata: "O conjunto abdomo-pélvico, funcionalmente, não é dissociável. Este continente está formado por algumas paredes deformáveis e outras indeformáveis...". "O M. psoas, o M. quadrado lombar, os músculos da parede pélvica, o M. diafragma, os M. paravertebrais lombares..." "Os músculos abdominais trabalham com um objetivo comum e suas contrações fazem variar a forma da cavidade".

VALANCOGNE, GALAUP (2001) comenta: "O estudo anatômico-fisiológico dos prolapsos mostram que estes resultam na maioria das vezes de uma deterioração dos elementos de suspensão das vísceras pelvianas (núcleo fi broso central do períneo,nudo anterior dos músculos elevadores, nudo posterior fibroso), e de uma má sinergia abdomo-perineal, resultante dos esforços que provocam uma hiperpressão abdominal".

SOCIEDADE ESPANHOLA DE GINECOLOGÍA E OBSTETRÍCIA (1999) informa "A incontinência urinária afeta quatro em cada dez mulheres, desde adolescentes até idosas. Entre as mulheres jovens que praticam esporte de alto rendimento,incluindo nesse contexto os exercícios abdominais malfeitos,seis de cada dez, estão afetadas pela incontinência urinária por esforço". Em "Gula para melhorar a qualidade de vida da mulher", um estudo da BRITISH MEDICAL JOURNAL (1988) menciona sobre 833 mulheres, na qual 41% delas padeciam de incontinência urinária, sendo que dessas 50% teriam menos de 45 anos.

BO, TALSETH, HOLME (1999) que estudaram 107 mulheres com diagnóstico de incontinência urinária e aplicaram três alternativas terapêuticas: exercícios pélvicos, pesarios vaginais e eletroestimulação. A redução de perda de urina foi superior no grupo que seguiu apenas com o programa de exercício pélvico, (–30g), que o resto dos grupos (–14.7g para o grupo de pesarios vaginais e de –7.4 g para o grupo da eletroestimulação).

BURGIO (1990) estudou 197 mulheres com mais de 55 anos de idade com incontinência urinária. Para um terço delas foi ensinado a manejar os músculos da parede pélvica, outro terço foi tratado por fármacos (oxiburitina), e o terço restante recebeu unicamente um produto placebo. Oito semanas depois de iniciado o tratamento, fizeram uma nova avaliação e compararam com os resultados obtidos. Ficou evidente que o tratamento realizado através de exercícios apresentou um melhor resultado, com relação aos fármacos e placebos.

O Departamento de Obstetrícia e Ginecologia da Universidade de Copenhagen, na Dinamarca (2002), realizou um estudo com 291 mulheres, com média de idade de 23 anos, praticantes de sete diferentes modalidades esportivas e também com bailarinas, com o intuito de determinar a incidência de casos de incontinência urinária em mulheres atletas de elite. 151 delas relataram que haviam sofrido do problema, sendo que dessas, 43% afirmaram ocorrências durante o treinamento da sua modalidade e ainda 42% durante o dia a dia. A proporção de casos citados foram:

ginástica 56%, balé 43%, exercícios aeróbicos 40%, badminton 31%, vôlei 30%, atletismo 25%, handebol 21%, basquete 17%.

De qualquer forma a incontinência urinária por esforço é tratável e na maioria dos casos pode ser definitivamente normalizada, mas ainda há desconhecimento por parte de quem sofre deste problema e sobre os tratamentos disponíveis. Existem vários tratamentos para incontinência urinária que consistem na interrupção da prática de atividades físicas de alto impacto e a realização de exercícios que contribuem no fortalecimento do assoalho pélvico. Esses exercícios podem ser desde de contrações da musculatura do assoalho pélvico, como, por exemplo, simular o esforço para segurar urina, passando pela ginástica abdominal hipopressiva (alias, tem ganhado aceitação e fama, embora não tenha sido planejada especificamente para isso, mas os resultados tem sido muito positivos). Usando aparelhos e acessórios como, por exemplo: os exercícios dos músculos pélvicos com cones vaginais ou pesos (as melhoras aparecem dentro de 4 a 6 semanas); temos também um aparelho que e introduzido dentro da vagina desinflado, e uma vez dentro da vagina, ele e inflado (parece um manômetro), alguns o chamam de exercitador pélvico, cuja função e registrar a pressão produzida pelos músculos do assoalho pélvico ao apertam o sensor; Pode-se também usar a eletroestimulação dos músculos do assoalho pélvico mediante o uso de eletrodos (não e preciso ser usado um eletrodo interno), pode ser feito usando uma cadeira especial onde o individuo fica sentado e vestido (não precisa tirar a roupa), na qual melhora a musculatura parcialmente denervada da uretra e do assoalho pélvico, e por fim, e em alguns casos extremos, são realizadas cirurgias.

Exercícios abdominais, falsas esperanças

Embora não seja unânime para grande parte da população, mas as principais motivações para a prática de exercícios abdominais são:
- Diminuir a gordura localizada nesta região.
- Reduzir o contorno da cintura.
- Definir a musculatura abdominal.

Na atualidade, praticamente todos os profissionais de Educação Física e do esporte sabem e explicam aos seus clientes, aos seus alunos e aos seus atletas, que realizar exercícios abdominais não vai diminuir o tecido adiposo do abdome de forma direta. Para que isso aconteça, segundo alguns autores (COMETTI, 1989; VERCHOSHANSKIJ, 1990; BOMPA, 1995), é preciso entender os aspectos metabólicos da contração muscular, os mecanismos de utilização de energia que tem o nosso corpo e a influência dos diferentes tipos de atividades na utilização dos substratos energéticos.

Apesar dessas informações, parece que alguns colegas continuam prescrevendo e fazendo intermináveis repetições de exercícios abdominais para todos níveis de aptidão física, inclusive em muitas academias há sessões exclusivas de exercícios abdominais, na qual realizam numerosas séries e engenhosos exercícios para esta musculatura. A mudança estética que algumas pessoas sentem depois de uma aula dessa, é devido ao aumento do tônus dos músculos da parede abdominal anterior com uma consequente diminuição da protusão visceral, o que diminui a circunferência desta região do corpo, causando uma falsa aparência de diminuição de tecido adiposo. Todavia, por mais que possam continuar lendo livros e artigos que recomendam a prática de exercícios abdominais, inclusive para aqueles que estão em uma excelente forma física, para outros indivíduos há possibilidades de alguns desses exercícios durante uma sessão dessas, causarem efeitos contrários a saúde de alguns praticantes, principalmente quando não existe uma consciência corporal, uma respiração adequada e segurança durante a realização do exercício abdominal.

Às vezes questiono por que alguns profissionais seguem acreditando que é mais razoável fazer sempre o mesmo exercício, ao invés de observar se existe alguma limitação entre os clientes ou alunos que o impeça de realizá-lo corretamente.

Será que a quantidade de repetição é melhor que a qualidade da execução? Claro que não.

Qualquer pessoa que inicie um programa de exercício físico pode concluir, por mera lógica, que, ao realizar a flexão do cotovelo, exercita o músculo bíceps. E caso use alguma sobrecarga, seja ela pequena ou grande, e realize um número X de repetições, não vai diminuir o perímetro do braço; no máximo vai manter ou desenvolver esta região. Ao observar algumas investigações (FEDERICH, HATFIELD, 1983; GONZALEZ, BADILLO, GOROSTIAGA, 1995), estas nos confirmam que realizar entre oito a doze repetições com cargas submáximas provoca uma hipertrofia muscular, ou seja, um crescimento do músculo, portanto um aumento do contorno do braço.

É ilusório pretender reduzir o perímetro da cintura somente com exercícios abdominais de elevação de tronco ou de quadril. De outra forma, é lógico entender que, ao realizar a contraçãoabdominal, sem expirar o ar dos pulmões, este provoca um abaulamento no abdome. A execução de exercícios abdominais sem uma postura e sem uma respiração correta proporciona um ventre cada dia mais protuberante, e também mais forte. Atualmente é sabido que realizar determinados exercícios abdominais com má técnica pode debilitar o períneo, favorecendo a incontinência urinária e distopias. (CALAIS-GERMAIN,1998).

Para definir a musculatura abdominal haverá uma combinação da genética com dieta, exercícios aeróbios e anaeróbios, utilização de aparelhos e sobrecargas, variação na contração muscular durante a execução dos exercícios abdominais e dos exercícios para o assoalho pélvico.

Exercícios abdominais em debate

Comecei a observar e questionar sobre os exercícios abdominais há mais de vinte anos, quando alguns alunos me perguntavam porque, depois de algum tempo de prática de exercício físico e especialmente de exercitar a musculatura abdominal, alguns tinham um abdome um pouco mais protuberante e mais forte.

Havia concluído que para haver melhoras na estética e na saúde, os exercícios abdominais que envolviam os músculos flexores do quadril, como, por exemplo, as elevações de tronco com as pernas estendidas ou com uma ligeira flexão, as elevações de pernas desde o solo e as elevações de tronco em banco declinado deveriam ser deixados de lado por indivíduos com baixo grau de condicionamento físico. Também é certo que para aumentar o rendimento desportivo, em alguns casos, são imprescindíveis estes tipos de exercícios e aproveito para recordar que o rendimento desportivo pouco tem a ver com saúde.

É muito importante para o profissional de Educação Física uma análise dos músculos implicados nos exercícios abdominais, principalmente as origens, as inserções e a ação muscular. Sugiro aos leitores olharem o capítulo de anatomia.

Segundo KENDALL, KENDALL, WADSWORTH (1974), está claro que, para conseguir uma redução na circunferência do abdome, o músculo abdominal que deve ser treinado é o músculo transverso e não o músculo reto do abdome (principal músculo implicado na elevação do tronco ao executar o exercício abdominal clássico chamado de "crunch"), além de exercícios aeróbios e de dieta alimentar.

O estudo das sinergias (trabalho conjunto) abdomino--diafragmáticas explica porque realizar exercícios abdominais sem uma respiração correta provoca protuberância abdominal (justo o inverso do que se pretende). Um teste de habilidade abdominal muito simples põe em evidência esta sinergia (SOU--CHARD, 1992). Separamos dois exemplos para que possamos entender o que acontece com o abdome em duas situações:

1. Ao executar o exercício abdominal clássico como o "crunch", o indivíduo deve se posicionar em decúbito dorsal e elevar a

cabeça e o tronco em direção ao quadril. Para entender o que sucede com o abdome no momento da contração, sugiro que se coloque uma mão atrás da cabeça com o cotovelo voltado para o lado e a outra mão sobre o abdome. Veja através das fotografias (A e B) o que acontece na maioria das vezes, quando o indivíduo não faz a respiração correta durante a execução.

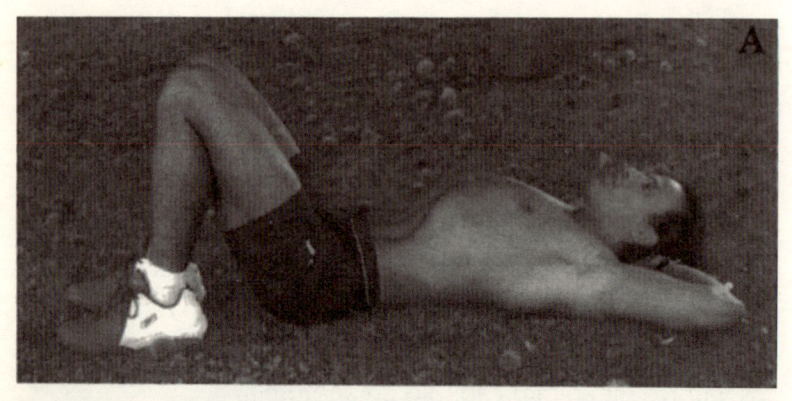

Exercício abdominal, fase inicial.

Exercício abdominal, fase final.

2. Ao tossir, há uma expiração forçada, fazendo com que o abdome se projete para fora devido ao movimento reflexo.

Se ao realizar a flexão de tronco e ao tossir o abdome se projeta para fora, é sinal de má conjunção abdomino-diafragmática e a repetição destas ações tende a provocar uma distensão do abdome dia a dia, exercício abdominal a exercício abdominal, fazendo dilatar a parede do abdome e com isso criando uma protuberância do ventre abdominal.

Se, todavia pensarmos no que há sido feito de exercício abdominal nesta vida e que se pretendemos reduzir o perímetro da cintura exercitando apenas o M. reto do abdome através de flexões de tronco, em decúbito dorsal, da maneira que são realizadas nas academias e centros desportivos, é claro que isso tende a não acontecer, por isso devemos previamente aprender a sinergia abdomino-diafragmática.

Aprendizagem da sinergia abdomino-diafragmática

- Inspirar pelo abdome, elevando e distendendo o músculo transverso.
- Colocar uma mão na cabeça para manter relaxada a musculatura do pescoço e a outra no abdome, sentindo ao mesmo tempo "encolher a barriga", ao realizar a flexão do tronco, enquanto realizar a expiração.
- Convém fechar, ao final da expiração, as costelas flutuantes ou falsas.

Realizar os exercícios tendo em consideração a sinergia abdomino-diafragmática não garantirá a redução do perímetro da cintura, pois esta ação sobre o músculo transverso do abdome tem pouca incidência. Mas, sem dúvida nenhuma, evitamos com isto aumentar a protuberância abdominal com a execução clássica de alguns exercícios abdominais.

Alguns exercícios abdominais, quando realizados com má técnica, não contemplam a globalidade do abdome, e toda a pressão interna que evitamos com a contração do músculo transverso para não distender esta musculatura acaba revertendo para o assoalho pélvico, pois empurra o períneo para fora, debilitando-o e, com isso, favorecendo em alguns casos a incontinência urinária, os prolapsos e as disfunções sexuais. Convém aos profissionais de Educação Física e Fisioterapia conhecer o períneo e saber sua função para poder reforçá-lo, em vez de debilitá-lo em determinadas situações que ocorrem no campo de trabalho.

É preciso acabar com alguns mitos e ao mesmo tempo procurar evoluir a partir de novos conhecimentos para alcançar os objetivos propostos, como a redução do perímetro da cintura, o fortalecimento do abdome e do assoalho pélvico.

Vou citar um exemplo interessante da época da minha avó, quando as mulheres usavam cintos apertados na cintura ou amarravam cordas. Por reflexo ocorre uma contração isolada do músculo transverso, que tende a reduzir o diâmetro do abdome, sua ação é mais importante na região da cintura, entre as costelas e o quadril, onde suas fibras são mais numerosas e mais longas. Essa contração causa uma constrição da cintura. Os órgãos da região contraída não alteram seu volume, apenas a forma. Eles se deslocam para cima e principalmente para baixo da região comprimida, formando uma protrusão da parte inferior do abdome. O efeito era muito visível quando elas estavam em pé.

Reduza a cintura e o abdome

Para realizar um treinamento focando um determinado grupo muscular é preciso ter em consideração a sinergia com os demais. Qualquer exercício que envolva os músculos abdominais terá repercussão no diafragma, na zona lombar e no assoalho pélvico (CALAIS GERMAIN, 1996).

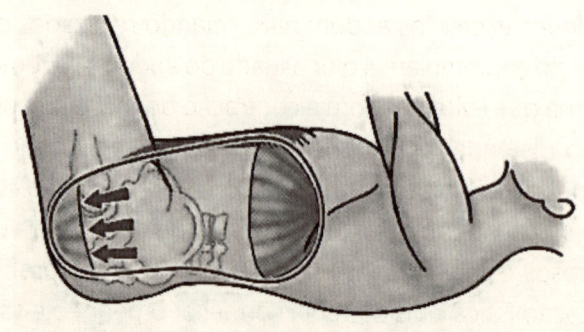

Desenho da pressão que se exerce no assoalho pélvico durante a execução de um exercício abdominal denominado "crunch".

Olhando o desenho, é simples imaginar o que sucede no períneo e no assoalho pélvico e é fácil responder a pergunta: por que alguns atletas podem ter mais problemas de incontinência urinária de esforço do que certas pessoas que não praticam exercícios físicos, especialmente aquelas que não exercitam de forma acentuada a musculatura abdominal e que não estejam no período pós-menopausa?

A incontinência urinária afeta quatro de cada dez mulheres, ou seja, 40% entre 15 e 64 anos de idade. As atletas, especialmente aquelas que praticam exercícios em exagero, sem uma técnica adequada, tendem a debilitar o assoalho pélvico. Este número sobe para seis de cada dez mulheres afetadas por este distúrbio *(www.gine3.org.es,* 2001). Outro estudo (**Arquivos de Medicina do Desporte Espanhol,** 2001) realizado com 179 atletas de corrida, na faixa etária de 14 a 35 anos, mostraram que 31% apresentava este problema.

Qualquer contração abdominal que provoque uma distensão do abdome, devido à pressão interna motivada pela falta de uma respiração correta (desenho), cria uma força conjunta que empurra o períneo para baixo, favorecendo a incontinência urinária e distopias.

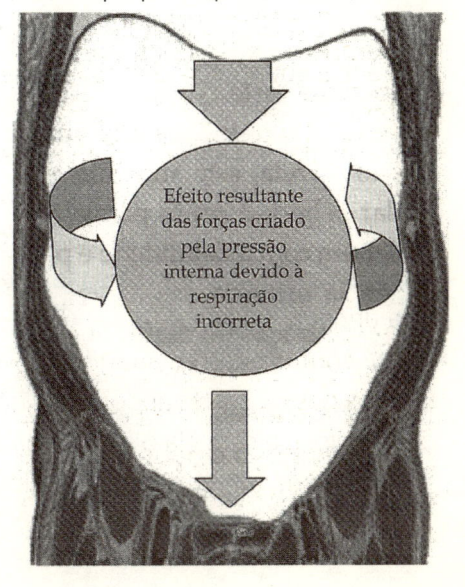

Efeito resultante das forças criado pela pressão interna devido à respiração incorreta

Mesmo para alguns indivíduos com os músculos abdominais já fortalecidos, o simples fato de executar exercícios abdominais sem reforçar paralelamente a musculatura do assoalho pélvico tende a debilitar esta zona e a predispõe aos problemas já mencionados. Analisar a função da musculatura pélvica, observar a sinergia da musculatura abdominal e entender sua relação com o diafragma deixa claro a necessidade de um trabalho sincronizado. Segundo HEIKE HÖFLER (2001), a musculatura abdominal, ao ser estimulada, nunca é objeto de tensão sozinha, pois esta ação concorre igualmente com a zona pélvica, já que através do impulso abdominal, este também exerce uma pressão crescente sobre a zona pélvica.

Antes de reforçar a zona pélvica é preciso fazer um estudo analítico de cada elemento que a compõe. Sendo assim, imaginar e desenvolver previamente exercícios analíticos para que, posteriormente, o trabalho em globalidade de todo o conjunto proporcione um equilíbrio e facilite a compreensão das progressões através de exercícios lógicos e objetivos.

Considerando todo o conjunto de elementos que contornam a caixa abdominal e analisando suas possíveis interações e sinergias, teremos:

- Ao contrair o músculo reto abdominal, como nos exercícios clássicos, sem uma respiração correta, isso causará uma protuberância abdominal, dando lugar a um abdome proeminente e forte.
- Ao executar exercícios abdominais sem realizar uma respiração correta, aumenta-se a pressão no diafragma muscular pélvico e assim paralelamente ele não é fortalecido, o que colabora com a debilidade e portanto favorece prolapsos e incontinência urinária.
- Uma contração do diafragma pélvico com bloqueio da contração dos músculos abdominais não eleva a "bolsa" da caixa abdominal, e com ela o diafragma ajuda na expiração – isto é o resumo de um bom trabalho global.

Progressão lógica dos exercícios abdominais

Antes do trabalho concreto para musculatura abdominal, deve-se tomar consciência da ação muscular dos músculos do assoalho pélvico e do períneo – sua ação é muito mais sutil que a dos abdominais.

Conhecer e exercitar a musculatura do perineo é imprescindível, especialmente para as pessoas que praticam exercícios físicos, e estes devem ser realizados previamente antes da prática de exercícios abdominais. O fortalecimento desta musculatura, além de evitar e solucionar a incontinência urinária de esforço e alguns tipos de prolapsos, contribuem numa melhora na *performance* sexual. Atualmente, o campo de aplicação destas técnicas está estendido consideravelmente e atua principalmente na função de prevenção.

O conhecimento e a exercitação do períneo têm uma grande importância na mulher, especialmente para evitar os efeitos que o parto pode acarretar. Alguns estudos tendem a confirmar de fato que, quanto mais forte um assoalho pélvico antes do parto, menor será a frequência da gravidade das incontinências e dos prolapsos no pós-parto (GROSSE, SENGLER, 2001).

Ter um bom tônus no assoalho pélvico assegura uma estabilidade dos órgãos internos. O tônus perineal é a garantia permanente da estática pelviana e visceral e, por conseguinte, da continência urinária, além das situações peculiares de um conter voluntário ou de esforço (VALANCOGNE, GALAUP, 2001).

A execução de exercícios para a musculatura do assoalho pélvico necessita de uma correta progressão e de uma metodologia muito elaborada, pois são músculos que quase não damos importância. Há certa dificuldade em localizá-los e senti-los, é difícil contrair o assoalho pélvico. Muitos profissionais da medicina, fisioterapia e educação física acreditam que entre 30% a 50% das pessoas, inclusive jovens, são incapazes de fazê-lo espontaneamente.

Ao pedir uma contração do assoalho pélvico, é normal que a resposta seja débil ou nula, que apareçam contrações desnecessárias dos glúteos, dos músculos adutores ou dos músculos abdominais e uma notória apneia. Convém lembrar que as progressões dos exercícios para esta região devem ser simples e lógicas, que as explicações sejam claras e concretas e que o indivíduo, com a prática, alcance uma consciência corporal.

As pessoas têm reticências culturais para exercitar esta musculatura. Os problemas advindos de uma musculatura perineal débil assumem-se como inevitáveis, pois muitos sujeitos chegam a desconhecer o que podia ser evitado ou então o que poderiam ter feito para solucionar este problema. Estamos falando de um tema que todavia é um tabu em grande parte de nossa sociedade. Muitas pessoas que sofrem de incontinência urinária (a mais frequente) ou retal (a mais penosa) aceitam esta disfunção como uma cruz que têm que levar nas costas por boa parte da sua vida, e assim mentalizam o uso cotidiano de compressas que fazem aliviar essa situação desconfortável. Alguns inclusive desconhecem totalmente que a situação pode ser apenas por um problema de tônus muscular e que existe uma solução para recuperar com o exercício físico (MORENO, 2001).

Os problemas advindos de um períneo debilitado se escondem por medo ou desconhecimento de quem tem. Tanto é verdade que muitos profissionais de medicina relatam que boa parte de suas clientes não falam desse assunto por desconhecimento ou então por vergonha e assim sofrem com a falta de informação sobre estes distúrbios e sobre os tratamentos disponíveis.

Musculatura do períneo

A região perineal está composta por estruturas diversas, pequenas e com relações complexas. O períneo está formado por um conjunto de partes moles que fecham a pélvis e suportam as vísceras quando estamos na posição em pé. Distinguimos dois tipos de músculos:

- Diafragma muscular pélvico ou assoalho pélvico muscular.
- Músculos dos orifícios (esfíncteres da uretra e do ânus, músculos do reto e, na mulher, os pilares da vagina).

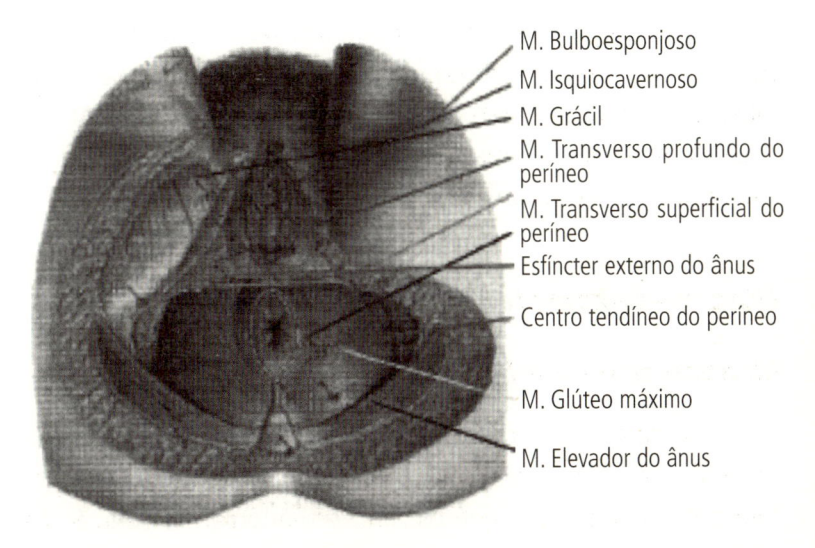

M. Bulboesponjoso
M. Isquiocavernoso
M. Grácil
M. Transverso profundo do períneo
M. Transverso superficial do períneo
Esfíncter externo do ânus
Centro tendíneo do períneo
M. Glúteo máximo
M. Elevador do ânus

Visão dos músculos da camada superficial do períneo, vista inferior (SOBOTTA, BECHER, 1977).

Diafragma muscular pélvico ou assoalho pélvico muscular

É formado por duas camadas:

Camada superficial

Comumente chamada de períneo, está associada à camada de pele e tem músculos fibrosos e extensos. É um grupo de músculos que se estende da frente para trás entre o púbis e o cóccix e lateralmente entre os ísquios. Tem um ponto de intersecção no centro onde se cruzam, e um centro tendinoso do períneo. Na sua parte anterior situam-se os órgãos eréteis e os músculos vinculados a estes órgãos.

Camada profunda

O diafragma pélvico. O conjunto tem forma de xícara, convexa para baixo. Esta concavidade superior opõe-se ao do músculo diafragma, daí seu nome, "diafragma pélvico" (CALAIS--GERMAIN, 1998). As fibras direcionam-se para baixo e para fora e os músculos são largos e grossos.

Músculos da camada superficial do períneo

M. transverso superficial do períneo

Estende-se de ísquio a ísquio e converge no centro tendinoso, e, num plano médio, encontra com o M. transverso profundo do períneo, e simétrico, fino e triangular. A inserção de origem efetua-se na parte interna dos ramos isquiopúbicos e termina no núcleo fibroso central do períneo.

Ação: aproxima os ísquios. Tem um movimento muito limitado e, dado que estes músculos não se contraem voluntariamente durante as atividades cotidianas e anatomicamente estão ocultos, a maioria das pessoas são incapazes de contraí-los. O M. transverso profundo do períneo atua como uma cinta visceral, sobretudo para a parte vesical, e participa na ereção.

M. Pubococcígeo

Sua origem está no púbis e sua inserção no cóccix. Tem a forma do número oito e converge no centro tendinoso. O mesmo músculo recebe diferentes terminologias:

- A parte anterior origina-se no cóccix e vai até o centro tendinoso. Na mulher, os músculos bulbocavernosos, isquiocavernosos e constritores da vulva e, no homem, o músculo bulboesponjoso.
- A parte posterior inicia-se no centro tendinoso e insere-se no cóccix e no esfíncter estriado do ânus.

Ação: aproxima púbis e cóccix. Seu movimento é algo maior que a do M. transverso superficial do períneo e, apesar de não se contraírem voluntariamente durante as atividades cotidianas e anatomicamente estarem ocultos, é mais fácil de sentir a contração deles. Alguns possuem um papel importante na ereção.

Incluem, ainda no plano superficial, músculos que não têm tantos interesses para nossos objetivos como os M. isquiocavernosos, aponeuroses média perineal, esfíncter externo da uretra e o M transverso profundo do períneo. Como função, baixa a camada profunda da aponeurose e fixa os corpos eréteis. São órgãos ricos em capilares. O correto abastecimento de sangue nesta região é devido ao bom estado desta musculatura.

Músculos do plano profundo do períneo

Forma o diafragma pélvico principal. São planos e mais altos, estão situados por cima da camada descrita anteriormente e, graças a sua forma de concha, sustenta na sua concavidade todos os órgãos pélvicos.

Está formado por dois músculos, o **M. levantador do ânus** e o **M. isquiococcígeos**. O M. levantador do ânus desempenha o papel fundamental descrito anteriormente e os músculos isquiococcígeos são mais secundários e estão situados atrás dos músculos elevadores e no mesmo plano. Estendem-se entre a espinha ciática, o sacro e o cóccix.

M. levantador do ânus

São músculos muito poderosos, por meio dos quais se desenvolvem as qualidades musculares do assoalho pélvico. Estão compostos por distintas faces em forma de ferradura ao redor dos orifícios das vísceras. Segundo um estudo (LOPEZ *et al.* citado por GROSSE, SENGLER, 2001), demonstra-se que o M. elevador do ânus difere das descrições anatômicas clássicas pela forma em V ou "em rede" do púbis ao cóccix. Na realidade, este elevador apresenta-se em forma de duas hemicúpulas perfeitamente adaptadas para resistir aos esforços, constituindo um verdadeiro diafragma pélvico.

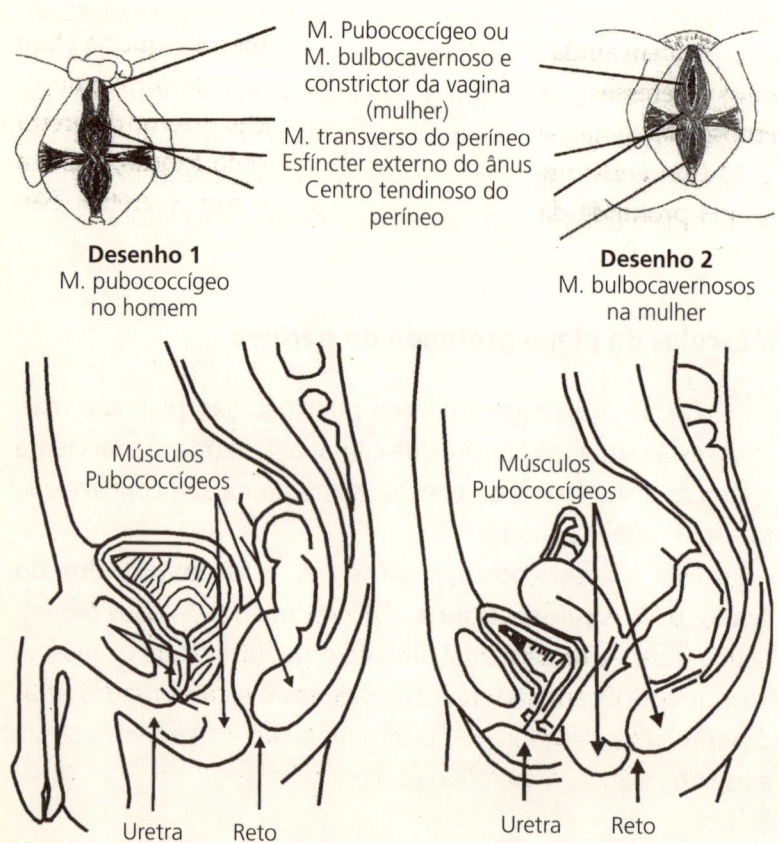

M. Pubococcígeo ou
M. bulbocavernoso e
constrictor da vagina
(mulher)
M. transverso do períneo
Esfíncter externo do ânus
Centro tendinoso do
períneo

Desenho 1
M. pubococcígeo
no homem

Desenho 2
M. bulbocavernosos
na mulher

Músculos
Pubococcígeos

Músculos
Pubococcígeos

Uretra   Reto

Uretra   Reto

Para facilitar o estudo e posteriormente a compreensão dos movimentos, consideramos duas partes principais:

- **Parte média ou feixe puborretal** – parte do alto do púbis que termina sobre o reto e o ânus, o qual rodeia parcialmente. Tem forma da letra U, sendo estreito e grosso.
- **Parte lateroexterna** – composta de feixes dispostos em forma de manto que partem do púbis, de uma banda fibrosa que atravessa o buraco obturador e do ísquio, e que termina no cóccix.

Ação: sua contração, como a de um manto muscular, sobe elevando os órgãos pélvicos. O feixe puborretal, além de elevar o ânus, eleva para frente, para o púbis.

Sua função é muito importante para a sustentação visceral, especialmente o feixe puborretal, e sua debilidade predispõe às vezes à incontinência e ao prolapso. Sua força é indispensável, no seio da camada profunda, para sustentar estas vísceras, especialmente a bexiga e o útero. Para CALAIS-GERMAIN (1996), sua função de faixa muscular reforça o fechamento dos orifícios assegurando a continência voluntária e prepara para os acontecimentos imprevistos em que a pressão sobre o períneo aumenta bruscamente, como, por exemplo: ao espirrar, ao tossir, ao rir, ao erguer-se e fazer esforços.

Teste de investimento da demanda perineal

Para comprovar alguns problemas que os exercícios abdominais podem causar, quando não atentamos para a técnica correta, na musculatura do períneo, utilizaremos o seguinte exercício, devido à sua simplicidade de execução:

Em decúbito dorsal, joelhos flexionados e pés planos no solo, com os músculos do assoalho pélvico totalmente relaxados e os braços na lateral com as mãos acima da cabeça paralelamente, inspirar profundamente e expirar lentamente, para que possamos sentir reduzir o volume do abdome, através de uma contração progressiva dos músculos abdominais sem que haja uma contração dos músculos do assoalho pélvico. Nessa ação estará havendo uma pressão sobre o períneo, que está sendo empurrado para baixo. Isto é denominado de inversão da demanda perineal, e deve ser evitado.

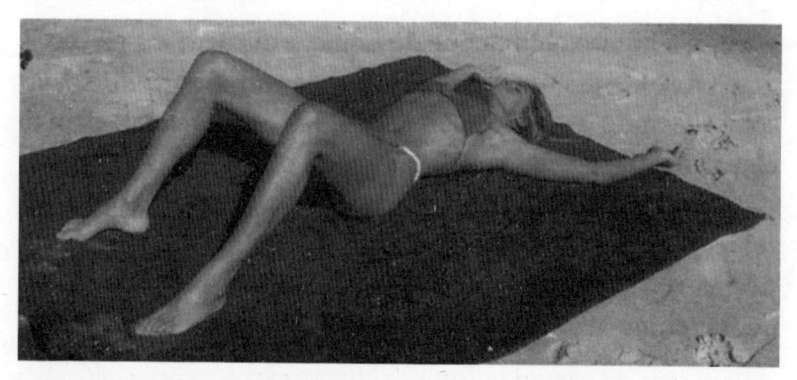

Exercício em decúbito dorsal de inspiração e expiração.

Exercícios perineais sensitivos

Antes de executar os exercícios específicos para o músculo abdominal ou do assoalho pélvico, é imprescindível descobrir a zona muscular a ser exercitada e ter consciência e controle desta. Para isso, estando sentado ou em pé, coloque uma mão na boca para frear a saída do ar e sopre fortemente como se estivesse enchendo um balão.

Exercício de encher um balão com força

Deve-se sentir, ao mesmo tempo em que se sopra, a ativação de uma zona situada justamente embaixo da pélvis, o assoalho pélvico muscular.

As sensações podem ser de "abombamento"para baixo, sensação de micção ou de forte contração, compressão ou elevação. Esta simples pressão pode provocar micção num assoalho pélvico debilitado. O períneo quando fortalecido suporta qualquer pressão e, ao mesmo tempo que participa conjuntamente com os músculos abdominais, cria uma pressão inversa que sobe para o tórax. É difícil de se obter de imediato este benefício, e se consegue com a prática regular de exercícios para o períneo com sincronização dos músculos abdominais.

Exercícios do períneo

Os exercícios perineais devem ter em consideração cada músculo a exercitar, conhecer sua localização e sua ação. Envolver outros músculos não assegura um trabalho específico da musculatura perineal. Temos que registrar que um exercício muito difundido em nosso meio, o qual consiste em apertar uma bola entre os joelhos, não promove de modo algum grandes melhoras nas fibras musculares perineais (VALANCOGNE, GALAUP, 2001).

A musculatura do assoalho pélvico representa uma unidade funcional, o que é uma vantagem; os exercícios localizados para cada músculo proporcionam uma interessante propriocepção. Deve-se ter em conta que a musculatura do assoalho pélvico representa uma unidade funcional, e que quando reforçamos o elevador do ânus indiretamente reforçamos também o esfíncter externo da uretra. (GALAS citado por GROSSE, SENGLER, 2001).

Estes exercícios perineais partem de uma prática milenar que nasceu há mais de 1.500 anos no Oriente. Têm origem no tantra, prática associada à ioga. É também denominado de pompoarismo. A palavra pompoar vem do tamil, idioma indiano, e significa ter o controle voluntário sobre os músculos do assoalho pélvico. Pompoarismo é a ginástica sexual conhecida por grupos seletos de pessoas na Índia, Tailândia e Indonésia (KADOSH, IMAGUIRE, 2005).

No Ocidente, o pompoarismo feminino foi difundido pelo Dr.Arnold Kegel, que popularizou os exercícios de contração vaginal e outros que reportaram muitos benefícios à saúde e à sexualidade da mulher. Entre esses benefícios, a solução de muitos casos de incontinência urinária, caídas de útero e de bexiga, e casos de frigidez. Constatou-se uma aparência mais jovem como consequência de reequilíbrio hormonal que alcançaram muitas mulheres. VAN LYSEBETH (1992) cita que o homem que convive com uma mulher praticante desta técnica ancestral vai apreciar as sensações bem mais que com qualquer outra mulher.

A prática destes exercícios perineais nos homens faz com que aumente a circulação sanguínea na zona pélvica, melhorando, consequentemente, a potência e aumentando o prazer sexual (KADOSH, IMAGUIRE, 2005).

Exercícios para a musculatura superficial do períneo

Sentir cada músculo, fazendo a dissociação muscular, é especialmente difícil quando se trata de trabalhar músculos que não são utilizados nas atividades cotidianas e muitas vezes estão esquecidos. Surgirão contrações involuntárias de outros músculos próximos do períneo, como os músculos dos glúteos e dos adutores.

Os exercícios para musculatura superficial do períneo são destinados basicamente ao Músculo transverso superficial do períneo e ao M. pubococcígeo.

Exercícios para o M. transverso superficial do períneo

Em primeiro lugar, devemos localizar os ísquios. O indivíduo, estando sentado numa superfície dura, balança ligeiramente o corpo para direita e depois para esquerda, os ossos da base da pélvis que notamos e que entram em contato com o solo são os ísquios. O M. transverso superficial do períneo estende-se de ísquio a ísquio.

Estando o indivíduo sentado, este se inclina lateralmente para sentir um ísquio apoiado na cadeira. Com a mão do mesmo lado que se levanta o ísquio, o localiza e o toca, a mão contrária na crista ilíaca deste mesmo lado. Devemos tentar aproximar os ísquios (e a função muscular do transverso superficial do períneo), sem envolvermos grandes massas musculares como os músculos dos glúteos e dos adutores. Sua mobilidade é muito limitada, sentir uma aproximação de um centímetro é a última finalidade. Da mesma maneira que se sentem aproximar os ísquios, as cristas ilíacas se afastam da estrutura do conjunto pélvico. Posteriormente, relaxam para poder voltar à posição inicial. Devemos repetir o exercício várias vezes e posteriormente relaxar totalmente antes de repetirmos o exercício para outro lado.

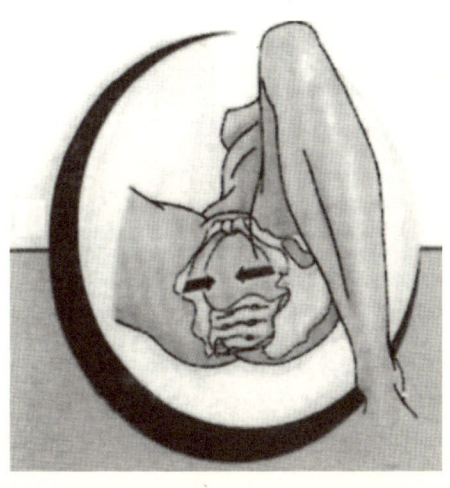

Exercícios para o M. transverso superficial do períneo

Provalvemente, para alguns indivíduos este exercício seja difícil de sentir. Para comprovarmos que efetivamente há movimento, nas primeiras vezes que o praticamos, podemos fazer o seguinte: realizamos o exercício de um lado, relaxamos e passamos ao seguinte, paramos no relaxamento, sentindo os ísquios separados ao máximo. Centrar a atenção na distância entre ísquios e apoiar as mãos de cada lado dos glúteos, para elevar e contrair o M. transverso superficial do períneo acercando que os ísquios estão se aproximando. Quando sentarmos temos que observar que a distância entre eles é menor que quando estavam relaxados. É uma prova evidente de que provocam uma ligeira mobilidade no conjunto pélvico.

Exercícios para o M. pubococcígeo

A pessoa sentada sobre o cóccix tenta aproximar ativamente o púbis do cóccix. Para maior localização de sensação de contração, podemos apalpar com um dedo a porção muscular inserida no lado interno do púbis e o centro tendinoso. A contração se faz mais evidente e será mais simples de ampliar e alcançar o movimento.

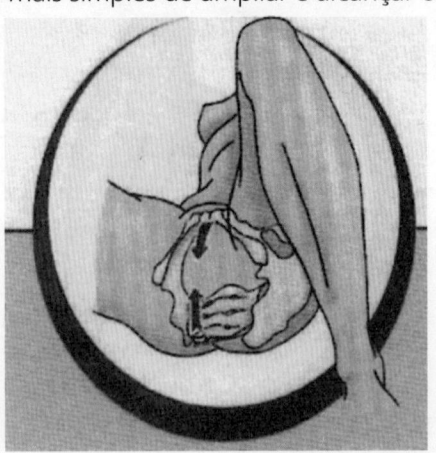

Exercícios para o M. pubococcígeo.

Este alcance na contração será através do M. bulbocavemoso, M. bulbo-esponjoso e do esfíncter estriado do ânus. Provavelmente se contraiam, por sinergias, outros músculos do períneo e também os esfíncteres. Devemos evitar a contração profunda ou a elevação do assoalho pélvico e centrar a atenção em uma contração, de diante a atrás, ao longo da linha média do períneo.

Metodologia dos exercícios para a musculatura superficial do períneo

Conhecendo os mais importantes músculos perineais e sua ação, devemos criar exercícios específicos e com objetivo claro para sua potenciação. Para isso, podemos selecionar exercícios para os diferentes músculos que compõem o assoalho pélvico mediante eletromiografia seletiva (GROSSE, SENGLER, 2001).

Para os exercícios da musculatura superficial do períneo, devemos eleger primeiro uma das duas ações (transversal ou longitudinal) e, posteriormente, executamos o exercício para a outra ação.

Devido ao percentual dos tipos de fibras que compõem esta musculatura (70% Tipo I e 30% Tipo II), convém realizarmos contrações longas e lentas de cinco a oito segundos para as fibras Tipo I, seguidas por um relaxamento completo de uma duração dupla e respiração profunda. Devemos repetir entre dez a vinte vezes o exercício, e realizá-lo várias vezes ao dia.

A continuação de contrações rápidas e fortes de um a dois segundos, para as fibras Tipo II, com um relaxamento posterior completo de uns quinze a vinte segundos e respiração profundas. Realizar entre dez e vinte repetições e realizá-lo várias vezes ao dia. Convém isolar os exercícios, evitando mesclar sensações (transversais e longitudinais).

Para alcançar maior propriocepção e obter sensações mais claras, é fundamental o relaxamento posterior a cada tipo de exercício.

Depois de alguns dias, o indivíduo poderá ficar deitado ou sentado para tratar de contrair de forma transversal e longitudinalmente. Sentirá a contração de duas linhas em forma de cruz e deve evitar a sensação de elevação que significaria que está se envolvendo a musculatura profunda do períneo. As contrações devem ser como as descritas anteriormente, previamente longas e posteriormente fortes e rápidas. Para mudar estes exercícios na funcionalidade cotidiana, o indivíduo pode associar a contração com a exalação, primeiramente devagar e posteriormente mais rápida para finalizar com contração ao rir, tossir, pular, etc. A automatização destas sincronizações e a integração nos hábitos motrizes mantêm as qualidades desta musculatura e proporciona uma excelente ferramenta de prevenção de determinados problemas, entre eles a incontinência urinária.

Exercícios para os músculos profundos do períneo

Os exercícios para os músculos profundos do períneo reforçam o que entendemos como diafragma pélvico, cuja função é a de sustentar os órgãos pélvicos. Centraremos-nos no músculo mais poderoso, o M. elevador de ânus e seus distintos feixes.

Exercícios para o M. levantador do ânus

O indivíduo deve estar sentado e com os ísquios separados, buscando uma contração para levantar o ânus. Devemos centrar a atenção em como subir, e não em avançá-lo, pois é uma sensação que aparece conjuntamente com a elevação. Igualmente convém não contrair o esfíncter do ânus e nesta posição iremos sentir elevar uma camada muscular que ao subir leva consigo a uretra e a vagina. A contração deve ser intensa, ampla e centrífuga. É muito simples de executarmos e fácil de sentirmos.

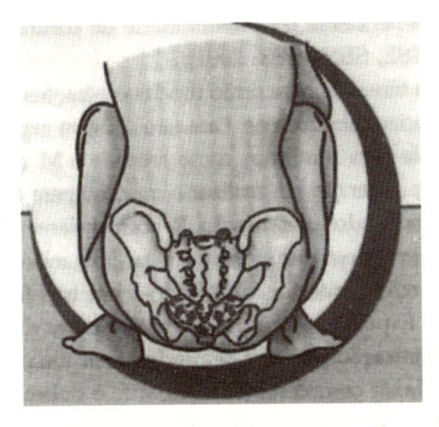

Exercícios para o M. levantador do ânus.

Metodologia dos exercícios para o M. levantador do ânus

Depois de realizarmos a contração, devemos relaxar respirando e sentindo como o peso das vísceras distende a zona anteriormente contraída. Nos exercícios em que devemos manter a contração, devemos respirar normalmente, a princípio será difícil fazê-lo e tenderá a bloquear a respiração, devemos conseguir uma respiração fluida e regular. Igualmente convém evitarmos as sinergias, contrações involuntárias de músculos vizinhos do períneo (M. aductores, M. abdominais e M. glúteos).

Realizaremos várias vezes este exercício diferenciando-os dos exercícios da musculatura superficial do períneo, onde se sentem umas linhas cruzadas e muito perto da pele. A sensação de maior profundidade da musculatura contraída é clara.

Para o tipo de trabalho a realizar, devemos ter em consideração a proporção dos tipos de fibras, a histomorfologia.

Globalmente se pode considerar que os elevadores do ânus compõem de 60% a 70% de fibras lentas e de 30% a 40% de fibras rápidas. Os músculos elevadores de ânus têm um tônus de base independente da possibilidade de contração voluntária (GROSSE, SENGLER, 2001).

Para o tônus de base serão usadas contrações isométricas com resistências submáximas. Para isso, convém expulsarmos o ar lentamente para sentirmos como ascende o M. elevador do ânus, centrar a atenção em realizar o máximo percurso, e manter por seis segundos a contração. Relaxar durante o dobro de tempo e sentir o peso das vísceras dilatando a musculatura.

O percurso total do exercício anterior pode ser dividido em três fases. Expulsar o ar é uma terceira parte da elevação, manter a contração por seis segundos com uma respiração normal e relaxar completamente durante o dobro de tempo.

Expulsar o ar lentamente enquanto contrai o elevador do ânus e elevar o dobro da elevação anterior, manter a contração por seis segundos com uma respiração normal e relaxar completamente durante o dobro de tempo.

Por último, expulsar o ar lentamente enquanto contrai o elevador do ânus ao máximo, elevando toda a superfície do períneo e não o esfíncter. Manter a contração por seis segundos com uma respiração normal e relaxar completamente durante o dobro de tempo.

Cada uma das fases poderá ser repetida entre dez e vinte vezes. O mesmo exercício poderá ser realizado ao inverso – descer, contrair subindo ao máximo e baixar por fases. Permanecer em cada fase o mesmo tempo que no exercício anterior e com as mesmas pausas de tempo de relaxamento.

Para conseguir o fechamento da uretra, os músculos elevadores do ânus devem ter a qualidade de contrair-se rápida e eficazmente. Os músculos elevadores do ânus, mediante sua contração, devem participar na ascensão e no fechamento da uretra proximal diante de qualquer hiperpressão abdominal. Isto se denomina contração ou fechamento do períneo, e se trabalha mediante contrações dinâmicas com resistências máximas (GROSSE, SENGLER, 2001).

Realizamos uma contração rápida, subindo ao máximo as vísceras, e mantendo fortemente a contração durante dois segundos para relaxar oito segundos.

Para maior propriocepção desta musculatura, pode-se contrair unilateralmente a direita ou a esquerda, deixando somente o outro lado relaxado. Serão muito frequentes as sincinesias que desaparecerão com uma simples percepção destas.

Por último, necessitamos associar este trabalho à funcionalidade diária, nas situações em que o períneo está em hipertensão (tossir, rir, saltar, correr, espirrar, encher um balão, levar cargas), para integrá-lo de maneira automática como uma excelente proteção.

Exercícios para M. puborretal

A pessoa deve imaginar a linha média do períneo, no caso da mulher, os três orifícios alinhados. Estas vias estão ladeadas por uma faixa muscular que parte do púbis e rodeia o ânus por trás, formando uma espécie de letra U, estreita e comprida. Este U, ao contrair-se, faz avançar o ânus.

Na posição sentada, e com os ísquios separados, deve-se elevar o ânus até a posição intermediária. Ficar nesta posição e elevar o ânus para frente, aproximando-o ao máximo do púbis.

Metodologia dos exercícios para M. puborretal

Depois de realizarmos as contrações, devemos relaxar respirando. Devemos repetir este duplo exercício umas seis vezes.

Para um reforço mais intenso (convém recordar que sua força é indispensável para a sustentação visceral e que a sua debilidade predispõe às vezes às incontinências e aos prolapsos), realizar o exercício em três etapas, três passos para frente. Soprar ascendendo o plano profundo, mantendo-o. Inspirar de novo, soprar e avançar o ânus horizontalmente, sustentando-o nesta posição. Inspirar sem relaxar a contração, soprar e avançar muito mais, aguentar a contração. Inspirar e aproximar mais o ânus do púbis. A continuação será relaxar durante o dobro de tempo que se levou para realizar o exercício e repetir o exercício umas três vezes. É importante repetir o exercício vários dias seguidos para se constatar o progresso na percepção das fases e na força que se mantém durante a contração.

O exercício anterior pode ser realizado unilateralmente, de maneira que se contraiam o lado direito ou o lado esquerdo, mas sempre relaxando o lado oposto. Ele proporciona um reforço de segurança ao longo da fenda urogenital. Podemos sentir maior debilidade e menor propriocepção num lado e convém reforçá--lo preferencial ou isoladamente.

Posteriormente, podemos adaptar estes exercícios à funcionalidade destes músculos nas situações em que aumenta a pressão sobre o períneo (agachado, tossindo, etc.).

Músculos dos orifícios das vísceras

Esfíncteres da uretra

A uretra mantém-se fechada pelos músculos esfincterianos:
- **Esfíncter interno** – próximo à bexiga. Funciona de modo involuntário, reflexo. É um músculo liso inervado pelo sistema nervoso parassimpático. Normalmente está contraído. Quando relaxa, ele abre para expulsar a urina.

- **Esfíncter externo** – próximo ao meato urinário. Situado num plano intermediário entre o superficial e o profundo. Participa conjuntamente com os músculos de sustentação do assoalho pélvico, e na continência urinária. Funciona de forma voluntária, relaxa para produzir a micção ou permanece contraído para retê-la, suas contrações breves e fortes evitam a fuga de urina quando a bexiga se contrai, permitindo também a inibição das necessidades de micção. É um músculo essencial para continência, e uma entidade anatômica muito discutida. Com frequência, distingue-se uma porção intrauretral composta por fibras lentas não fatigáveis, e uma porção periuretral composta por sua vez por fibras lentas e fibras rápidas, potentes, mas muito fatigáveis. (GROSSE, SENGLER, 2001).

Esfíncteres do ânus

O ânus está rodeado de esfíncteres em forma de anilhas:
- **Esfíncter interno** – rodeia diretamente o esfíncter anal. É um músculo liso, funciona de maneira reflexa.
- **Esfíncter externo** – é mais volumoso e rodeia o esfíncter interno. Tem uns três centímetros de altura. Pode contrair ou relaxar à vontade. Por cima, atravessa a camada dos músculos elevadores.

Pilares da vagina

A vagina está ladeada pelo músculo transverso profundo do períneo, na qual se adere. Justo por debaixo, a vagina está solidamente unida ao músculo elevador do ânus. É sua maior sustentação. A debilidade destes músculos é a causa principal do prolapso uterino.

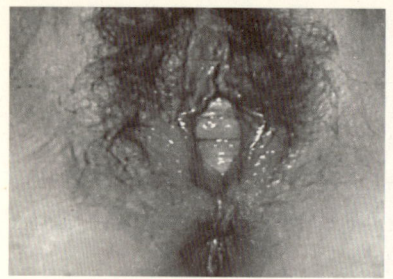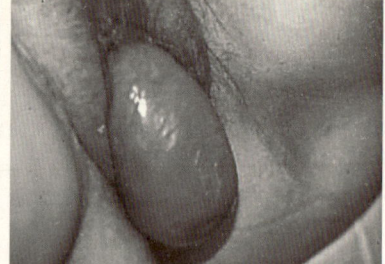

Visão frontal de prolapsos.

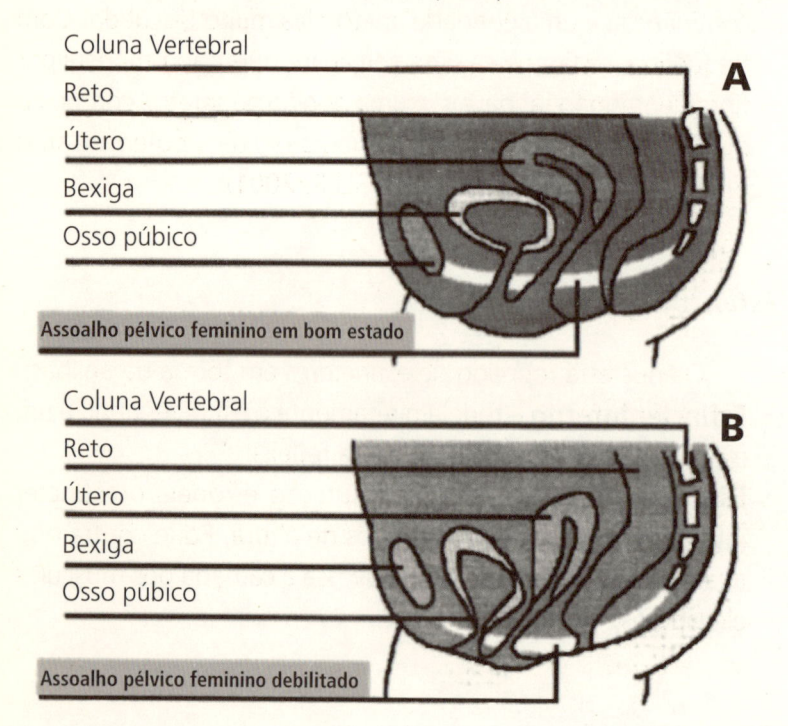

Coluna Vertebral

Reto

Útero

Bexiga

Osso púbico

A

Assoalho pélvico feminino em bom estado

Coluna Vertebral

Reto

Útero

Bexiga

Osso púbico

B

Assoalho pélvico feminino debilitado

Visão lateral do assoalho pélvico feminino em bom estado (A) e debilitado (B).

Por abaixo, a vagina desemboca na vulva. Ali, o músculo constritor da vulva fecha o orifício. As paredes anterior e posterior da vagina estão praticamente em contato. Estão acolchoadas por uma mucosa que forma o fechamento e são muito elásticas.

Duas camadas de músculos recobrem esta mucosa:

- **Camada superficial** – suas fibras são longitudinais.
- **Camada profunda** – suas fibras são circulares. Estão mais desenvolvidas, junto à saída da vagina.

Exercícios para os músculos dos orifícios das vísceras

É conveniente imaginar as vísceras e sua localização na pélvis menor:

- À frente, a bexiga se prolonga através da uretra e termina no meato urinário.
- Por trás, o reto se prolonga pelo ânus e termina no esfíncter anal.
- No centro, na mulher, o útero se prolonga pela vagina e termina no orifício vaginal.

As vísceras têm que suportar uma compressão permanente quando o indivíduo está ereto. Isto tende a se agravar em situações em que aumenta a pressão intra-abdominal devido a alguma prática desportiva intensa, por exemplo. Em todas estas situações, o risco de escapes de urina é mais alto e o risco de prolapso aumenta (CALAIS-GERMAIN, 1998).

Diversos sistemas de sustentação e manutenção permitem, a princípio, serem capazes de suportar esta pressão. Se a pressão é muito grande ou prolongada, estes mecanismos podem falhar. Por isto, é interessante fazer exercícios que diminuam a pressão.

Metodologia de exercícios de descompressão visceral

O indivíduo em decúbito dorsal, os pés planos no chão com os joelhos flexionados e os braços no solo separados lateralmente na altura do ombro. Realizar uma profunda inspiração costal, que abra as costelas pela frente e por trás. Expulsar o ar lentamente, mantendo abertas as costelas e empurrando para fora. É um movimento nada habitual e sua aprendizagem requer certo tempo.

O exercício provoca a sensação de desmoronamento do abdome e sucção para o tórax e, com isso, uma descompressão das vísceras.

É imprescindível centrar a aspiração ou descompressão. O indivíduo deve realizar o exercício pensando em aspirar a parte supraumbilical, posteriormente, a parte subumbilical e, por último, a pélvis.

Conhecendo a posição de cada víscera, o indivíduo trata de aspirar cada víscera evitando sincinesias de abdominais, glúteos, elevadores do ânus, etc.

Convém centrar a atenção exclusivamente sobre as vísceras em questão e aspirar:

- A bexiga e a uretra.
- O reto e o ânus.
- E na mulher, o útero e a vagina.

Quando se domina totalmente esta técnica, pode transferir este exercício a outras posições com o indivíduo sentado, em pé ou de cócoras. O interesse principal é alcançar a funcionalidade deste exercício e transferir para a vida cotidiana.

Alguns tratados dão indicações muito mais simples, fáceis de realizar e menos globais, como contrair imaginando cortar o jorro da urina, contraindo como tentando evitar a expulsão de um gás ou impulso como se quisesse succionar algo com a vagina (TALLADA, 1999).

Importância de exercitar o M. transverso do abdome

Analisar a ação muscular, a origem e a inserção do M. transverso do abdome deixa patente a importância deste músculo na redução do perímetro da cintura, na melhora da postura e em prevenir e solucionar dores na zona lombar (DUMONT, 1997; HODGES, 1999).

Para ilustrar como se pode reduzir o perímetro da cintura é preciso recorrer ao sentido comum e imaginar como é possível que se alcancem cinturas tão salientes. A forma de obter um abdome proeminente é muito simples, basta comer em quantidade, ingerir muito líquido, se for alcoólico melhor ainda, e procurar ficar inativo. Como exemplo temos a profissão de caminhoneiro, ideal para se obter um abdome protuberante. O fato de estar sentado muitas horas ao volante e deixar "abombar" o ventre, que é enchido com bebidas e alimentos constantemente. Com isto, provoca má suspensão e uma distensão voluntária sobre o músculo transverso abdominal, fazendo com que este distenda suas fibras, gerando novos sarcômeros que não exercem sua ação e contrair o abdome, mantendo em estado de máxima distensão e serão inúteis para sua função. Isto se pode comprovar em pessoas com grandes barrigas e observar como são praticamente incapazes de movê-las – mesmo que tenham criado mais células musculares, estas são inúteis para a função de contração.

Conseguir reduzir o perímetro da cintura, do abdome, requer o processo inverso. É preciso contrair o abdome com uma contração do músculo transverso e procurar mantê-lo ligeiramente contraído enquanto se caminha, se está sentado ou em pé. Convém recordar que o transverso é um músculo responsável por manter a postura correta. Sem sua contração o ventre se "abomba", a curvatura lombar se faz mais pronunciada e a postura é deficiente.

Podemos observar nos bailarinos profissionais e semiprofissionais um exemplo da eficácia de manter reduzida a cintura, pois comprovamos que a maioria tem um abdome liso e plano. Os indivíduos que praticam dança em muito poucas ocasiões fazem repetições de exercícios abdominais dos que vemos realizar aos milhares nos Centros de Fitness, academias, ginásios de esporte e, sem impedimento, têm um invejável ventre plano. As bailarinas fazem exercícios abdominais constantemente, mantendo em contração o músculo transverso através de isometria, para ter uma melhor postura e um controle corporal durante todas suas classes. Isto gera uma atitude postural que as mantêm de forma inconsciente e constante na vida cotidiana, tudo isso as leva a ter uma postura muito correta.

Os exercícios abdominais são, portanto, e fundamentalmente, uma questão de postura. Entre estas duas fotografias somente há uma diferença de postura e de tempo, 30 segundos.

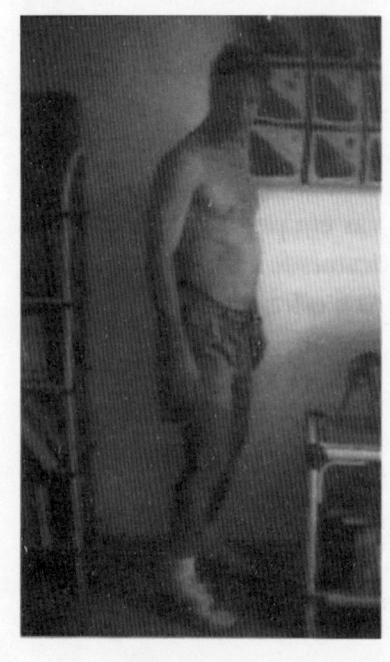 

Postura 1   Postura 2

Conseguir o objetivo de reduzir o contorno da cintura significa tonificar o M. transverso do abdome e encurtá-lo. Para isso é preciso dar uma nova dimensão aos exercícios abdominais mediante exercícios em isometria concêntrica.

Além dos objetivos estéticos, o treinamento em isometria do músculo transverso do abdome proporciona uma estabilidade da coluna que protegerá e evitará a tão frequente dor na zona lombar. A ação muscular do transverso envolve a co-contração dos músculos profundos abdominais e vertebrais, os multífidos. Esta co-contração de agonistas e antagonistas tem sido considerada por muitos investigadores como uma das estratégias da estabilidade articular. Este tipo de atividade muscular incrementa a rigidez articular e de suporte independentemente da força de movimento produzida pelos músculos (HODGES, 1999; CARTER, 1993).

O primeiro passo para poder realizar uma contração isométrica concêntrica é conhecer e aumentar a contratibilidade da musculatura, neste caso do M. transverso, através de uma recuperação abdominotorácica.

A base deste tipo de exercícios consiste na capacidade de realizar uma co-contração do M. transverso e do multífidio lombar independentemente dos outros músculos grandes do tronco. Considerar o papel estabilizador dos músculos, além de que o músculo transverso do abdome funciona independentemente dos outros músculos abdominais globais. A co-contração ativa destes músculos completa-se a muito baixos níveis de atividade muscular, sendo descrita como um espartilho muscular profundo (RICHARDSON, SNIJDERS, HIDES, 2002).

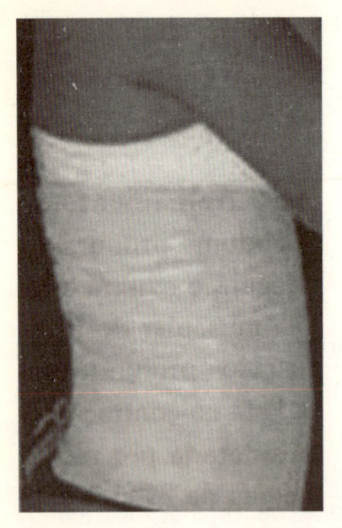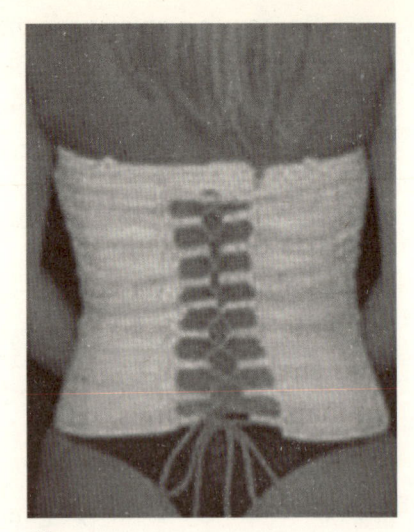

Espartilho

Os indivíduos com dor lombar crônica, dor lombar aguda idiopática, dor lombar associada a um diagnóstico específico (espondilolisis/listesis) e dor lombar procedente da região pélvica se beneficiaram da efetividade destes exercícios em reduzir a dor destes locais. Estes exercícios atuam sobre os músculos locais (sistema estabilizador local), que incluem: M. transverso do abdome e multifídios lombar (músculos profundos), que inseridos nas vértebras lombares e no sacro são capazes de controlar diretamente os segmentos lombares. Os músculos globais incluem os músculos grandes e superficiais que controlam e produzem os movimentos do tronco: M. oblíquo externo e eretor espinhal.

Exercícios práticos

Em decúbito dorsal, inspirar enchendo o abdome pela ação do diafragma, expirar contraindo ao máximo o M. transverso do abdome para reduzir o contorno da cintura. Colocar as mãos no abdome para facilitar a observação por parte do executor e para poder observar qual região precisa de mais informações, a supraumbilical ou a infraumbilical. É preciso ir aumentando a amplitude do movimento. O indivíduo também aprende a contrair simultaneamente e de forma isométrica os multífidos. Isto assegura ou mantém uma posição estática e neutra da coluna vertebral.

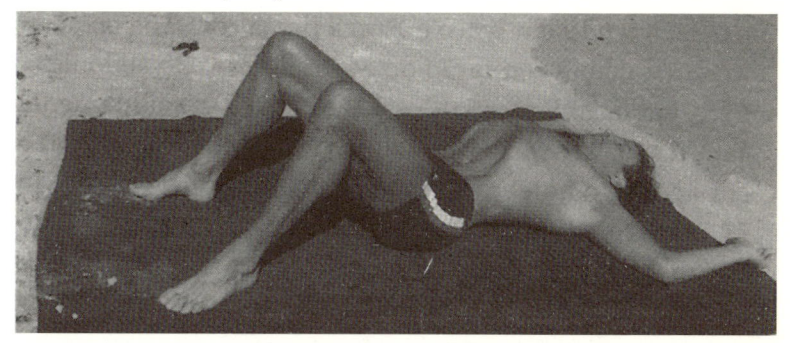

Aproveitando essa mesma posição, podemos retrair o abdome sem contrair os músculos abdominais, para isso e necessário "abrir" a caixa torácica (pode ser feita até em apneia ou não). Percebe que quando abrimos as costelas dessa maneira (fotografia), o tórax assume a forma e a função de uma ventosa, ou seja, ele atrai em sua direção as vísceras do abdome. Nesse momento o abdome retrai. A retração pode ser com auxilio dos músculos abdominais ou não. Esse efeito e mais acentuado quando estamos deitado.

Se o indivíduo for incapaz de realizar o movimento do abdome, utilizamos técnicas de facilitação como:

a) Visualizar a ação correta do músculo: função espartilho, demonstrar e descrever a ação muscular, utilizar ilustrações anatômicas.

b) Utilizar instruções verbais adequadas, e não estas: "encolher a barriga", "levar o umbigo para a coluna".

c) Concentração e precisão da contração.

d) Aplicar suavemente pressão sobre o abdome. Combinar a co-contração com a contração do assoalho pélvico.

- O mesmo exercício em quadrupedia, sentado ou em pé. A respiração deve ser normal durante o movimento: encolher o abdome e manter a contração. O indivíduo deve manter as curvas cervicais, torácicas e lombares normais, do contrário favorecerá a aquisição de uma péssima postura por um reforçamento inadequado de determinados músculos. A pélvis e a caixa torácica devem estar estaticas.. Posteriormente pode-se aumentar a dificuldade de contração do transverso freiando a saída do ar com uma mão ou com um balão.
- Aumentar a dificuldade do exercício diminuindo os apoios, estendendo um braço e/ou a perna contrária enquanto se mantém a contração do M. transverso do abdome.
- Para maior solicitação dos M. oblíquos conjuntamente com o M. transverso do abdome, em inclinação lateral e em apoio do antebraço, manter a contração máxima do M. transverso. Iniciar com apoio do joelho e em flexão das mesmas e aumentar a dificuldade com apoio do pé e joelhos esticados. A simetria corporal deve ser sempre correta.

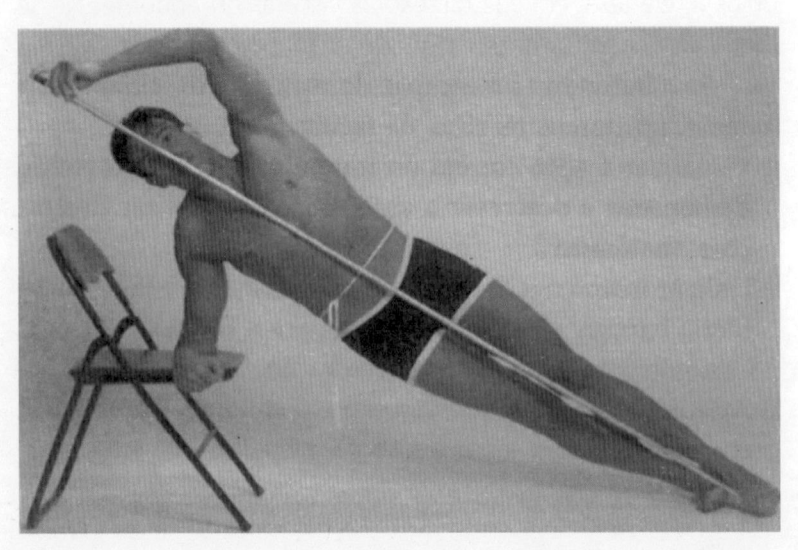

Exercícios abdominais isométricos com apoio do antebraço.

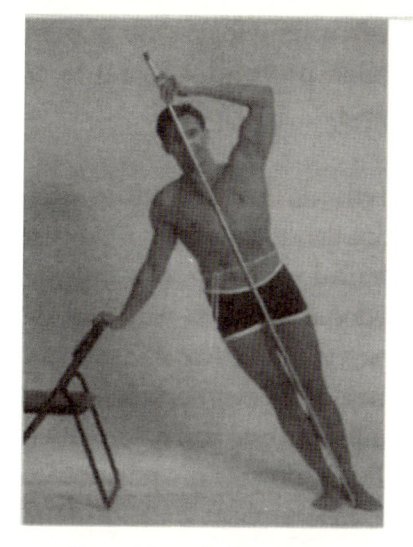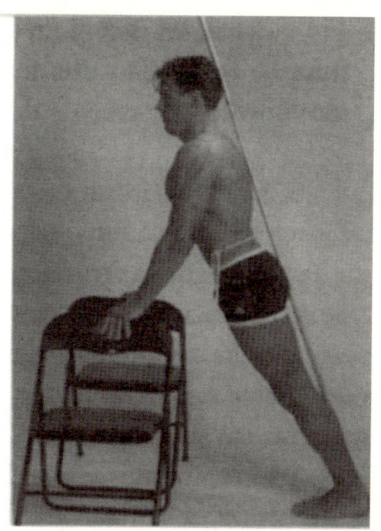

Exercícios abdominais isométricos com apoio das mãos.

Número de repetições

Para obter o máximo benefício é necessário que os exercícios se repitam durante várias vezes ao longo do dia. Não é preciso que o indivíduo repita os mesmos exercícios, a aprendizagem neuromuscular que os proporcionam basta para poder realizar os exercícios em qualquer posição da sua vida cotidiana.

Métodos de progressão

1. Aumentar o tempo de manutenção da contração, assim como o número de repetições.
2. Os exercícios devem ser realizados a princípio em posições sem carga e progredir para posições mais funcionais com aumento progressivo da carga externa.
3. No início, os exercícios são executados numa posição lombar estática neutra, progredindo para outras posições mais extremas (ao final da amplitude).

4. Finalmente, os indivíduos devem ser capazes de manter uma co-contração dos músculos profundos durante os movimentos funcionais do tronco.

Se for necessário aumentar a eficácia destes exercícios, utilizar nova tecnologia: um eletroestimulador muscular. Observar que quando se coloca um eletroestimulador nos músculos abdominais, ao produzir a contração, o abdome se projeta para fora, da mesma forma que ao realizar os exercícios clássicos abdominais. Infelizmente nenhuma marca comercial de eletroestimuladores menciona em suas instruções de utilização este fato e, sem dúvida, se não atentarmos a este detalhe, realmente o equipamento irá proporcionar um abdome forte, mas também abaulado. Para o indivíduo evitar este abaulamento do abdome, deverá fazer uma força inversa, encolhendo o abdome em cada contração que gera o eletroestimulador, conseguindo desta forma reforçar e encurtar a musculatura abdominal, reduzindo efetivamente a cintura. É possível realizar este exercício deitado, sentado ou em pé.

Utilização de eletroestimuladores na contração abdominal.

Com relação aos exercícios abdominais, vale frisar que estes em virtude das suas exigências na vida cotidiana devem refletir bem as necessidades, para isso a sua estimulação tende a variar de pessoa para pessoa. O interesse em tonificar o M. transverso do abdome é o de reduzir o perímetro da cintura e obter com isso o efeito de faixa natural que evitará problemas na saúde, e ao mesmo tempo melhorar a estética corporal. Convém realizar exercícios em isometria, para que se mantenha em contração o M. transverso do abdome.

Ao conhecer e dominar a ação dos músculos do assoalho pélvico, se acrescenta esta ação a do M. transverso do abdome. É simples sincronizar a contração do assoalho pélvico com a contração do M. transverso do abdome. Esta ação se pode transferir a ações cotidianas como as de tossir, de rir, de gritar ou então de encher um balão. Para facilitar, a adoção de alguns padrões de conduta que vão beneficiar o períneo ajudarão a manter um tônus abdominal do M. transverso do abdome.

Nos exercícios em isometria, convém adotar previamente uma ligeira contração perineal para evitar a distensão que provoca a contração do M. transverso.

Os desportistas que necessitam exercitar a musculatura abdominal de forma dinâmica precisam realizar a contração prévia dos músculos do assoalho pélvico, coordená-la com a do M. transverso do abdome na expiração ao reduzir o espaço da cavidade abdominal para, simultaneamente, fazer contração do resto dos músculos abdominais que realizaram a ação que se requer.

Considerar que o trabalho muscular a executar pode ser isotônico ou isométrico; é preciso ter em conta que ambos podem combinar, alcançando com isso uma maior variedade e eficácia nos exercícios.

Os exercícios devem cobrir os objetivos dos indivíduos e ser funcionais. É preciso recordar que o objetivo principal estético e funcional é a redução do contorno da cintura, porque o M. transverso do abdome deve ser o principal músculo a tonificar-se e encurtar, para isso devem ser realizados exercícios isométricos.

Este novo enfoque dos exercícios abdominais passa por reconhecer em parte a ineficácia e certa periculosidade dos exercícios abdominais quando estes são realizados com má técnica. É preciso uma análise detalhada das necessidades e dos objetivos de cada aluno.

Uma análise da função da musculatura abdominal deixa patente a ação muscular que predomina na vida cotidiana. Manter os órgãos internos e a postura são as funções principais da musculatura abdominal, tudo isso se realiza sem um encurtamento muscular importante. Mantém-se, ou deveria manter-se, uma contração constante que denominamos isometria.

Músculos estabilizadores da coluna

Está demonstrado que a coluna lombar necessita estabilizar-se antes de realizar qualquer movimento e que esta estabilização vem dada pelos músculos que unem as vértebras entre si, denominados músculos locais. Neste grupo estão incluídos o M. transverso do abdome no lado anterior e os multífidos no lado posterior (BERGMARK, 1989).

Estudos na Austrália têm demonstrado que a contração dos multífidos se produz enquanto tem lugar uma contração intensa do M. transverso do abdome, que se contrai durante os movimentos rápidos do tronco e/ou extremidades antes, incluso, que nos músculos responsáveis deste movimento (GULL *et al.*, 1993).

Diferentes autores têm demonstrado a melhoria na estabilização da coluna mediante contrações estáticas do músculo transverso do abdome (GILL, CALLAGHAN, 1998).

Exercícios isométricos solicitam com intensidade a musculatura abdominal, especialmente o M. transverso do abdome e músculos oblíquos, que podemos denominar de isometria concêntrica, suprindo assim as necessidades de saúde dos praticantes.

Paralelamente, os exercícios dinâmicos mantêm a mobilidade. O problema se nos expõe a distribuir o percentual idôneo de exercícios isométricos e dinâmicos. Pessoalmente me inclino por um predomínio de trabalho isométrico para aproximar os exercícios às necessidades funcionais.

Uma progressão lógica de exercícios isométricos do M. transverso do abdome deve ter em conta a contração prévia do períneo e alguns deles já foram brevemente comentados.

Exercícios de menor dificuldade

- Estendido, contraia previamente o períneo e tente descolar o abdome do assoalho pela contração do M. transverso do abdome, mantenha por alguns segundos e repita.
- Em quadrupedia, contração prévia do períneo e reduza ao máximo o contorno da cintura realizando uma respiração basicamente torácica durante alguns segundos.
- Na posição anterior, elevar um braço à frente o mais próximo da linha do tronco. Alternar com o outro braço.
- Realizar o mesmo exercício unicamente estendendo o joelho e descolando o pé do solo. Alternar as pernas.
- Incorporar ao exercício anterior o braço oposto.

Exercícios de maior dificuldade

- Em quadrupedia, prévia contração de períneo e M. transverso do abdome, com apoio de antebraços e joelhos alinhar o tronco de forma inclinada da cabeça aos joelhos.
- Apoiar a ponta do pé e elevar um joelho. Alternar.
- Apoiado com ambos os pés e antebraços, descolar levemente um pé do solo. Alternar.
- Com apoio das mãos e dos pés, em posição de fundo, elevar ligeiramente um pé. Alternar.
- De forma igual elevar o braço contrário alinhando com o tronco.

A proposta baseia-se em publicações recentes, e devido aos últimos avanços no terreno da investigação e à mais simples lógica supõe uma adaptação e até mudança no formato de alguns exercícios abdominais.

Exercícios abdominais hipopressivos

É um exercício físico onde o abdome (conjunto de vísceras que se encontram abaixo do diafragma, na cavidade abdominal. Acima do diafragma, encontra-se o tórax, contido na cavidade torácica), é contraído com um movimento chamado de respiração diafragmática. Os exercícios abdominais hipopressivos trabalham basicamente com a respiração e com a postura, e são feitos para reduzir a pressão intra-abdominal, com intuito de proteger, reforçar e estimular os músculos do assoalho pélvico (que controlam o fluxo de urina e a contração da vagina), prevenir e evitar dores lombares, constipações intestinais (prisão de ventre) e pubalgias (condições inflamatórias dolorosas envolvendo ossos do púbis).

Hoje em dia e muito comum encontrar pessoas, principalmente mulheres, que sofrem de alguma disfunção, derivada de uma debilitação da musculatura do assoalho pélvico ou de uma descompensação entre essa musculatura e os músculos abdominais. Para que esses músculos possam cumprir as funções que lhes são atribuídas de maneira correta, ambos devem estar sãos e fortes, mas por diferentes razões, sobretudo nas mulheres, esses músculos debilitam-se devido aos partos, mudanças hormonais, dieta pobre e a idade. Para complementar temos observado que dependendo do individuo, alguns exercícios abdominais quando não são prescritos e orientados por profissionais de Educação Física e por Fisioterapeutas, tendem ser mal realizados, podendo oferecer riscos para o períneo, para a parede abdominal, para os discos intervertebrais lombares, torácicos e cervicais.

O principal objetivo dos exercícios abdominais hipopressivos é restabelecer a anatomia pélvica, melhorando a função muscular do abdômen e do períneo e, consequentemente, o posicionamento dos órgãos internos. Mas, com a prática continua, foram observando efeitos estéticos e melhora da função gastrintestinal, principalmente nos casos de constipação.

A seguir alguns dos benefícios proporcionados pela pratica de exercícios abdominais hipopressivos.

Benefícios dos exercícios abdominais hipopressivos

👤 Melhora o sexo, pois reduz a pressão sobre o assoalho pélvico e fortalece a musculatura do períneo (que controla a contração da vagina). Também ativa a circulação local, aumentando a sensibilidade ao toque.

👤 Protege as costas, porque dispensa a flexão da lombar e reduz a compressão dos discos intervertebrais nessa parte da coluna.

👤 Corrige a postura, porque fortalece todos os músculos abdominais (M.reto do abdome, M. oblíquo interno, M. obliquo externo e M. transverso do abdome), mantendo a coluna estável.

👤 Combate à prisão de ventre, já que os exercícios estimulam os movimentos peristálticos do intestino (que empurram o bolo fecal para fora).

👤 Reduz a circunferência da cintura.

👤 Controla e evita a incontinência urinaria de esforço, diante de um esforço abdominal repentino.

👤 Fortalece a musculatura do assoalho pélvico e aumenta a irrigação sanguínea evitando e contribuindo na recuperação de certos tipos de prolapsos: útero (Histerocele), bexiga (Cistocele) e reto (Retocele).

As primeiras técnicas de efeito hipopressivo (apesar de não terem sido planejadas especificamente para esse efeito) surgiram entre as décadas de oitenta e noventa através do fisioterapeuta Marcel Caufriez (Doutor em Fisioterapia e Readaptação pela Universidade Livre de Bruxelas), que posteriormente a uma pesquisa clínica experimental no Hôpital Universitaire Erasme e a uma pesquisa fundamental de neurofisiologia no Laboratoire de physiologie environnemental et occupationnelle de la Communauté Française de Belgique, criou essa técnica, denominada de Ginástica Abdominal Hipopressiva ou GAH. O efeito hipopressivo, estimula a atividade reflexa e a contração da faixa abdominal, do assoalho pélvico e do útero. Ele se torna benéfico, pois a hiperpressão produzida pelo diafragma e /ou os músculos antigravitatórios esta presente em 100% dos casos de incontinência urinaria de esforço. Ao realizar os exercícios hipopressivos em apneia respiratória, o diafragma esta inibido, e não produz aumento de pressão sobre o assoalho pélvico, favorecendo a diminuição da pressão sobre o assoalho pélvico, o aumento do tônus da faixa abdominal, o aumento do trofismo dos músculos do assoalho pélvico e a diminuição do tônus da musculatura antagonista. Como isso, reforçar o períneo, solucionando determinados tipos de incontinência urinária, auxilia na redução do perímetro da cintura e auxilia na recuperação das mães depois do parto, pois a partir do controle da respiração e do diafragma se ganha uma promoção visceral. Também é possível utilizar os exercícios de forma preventiva e em certos tipos de prolapsos para recuperar a posição dos órgãos internos.

Alguns exercícios que constituem este método fisioterapêutico já estão incorporados na área da Educação Física, e servem como complemento para o treinamento. Os exercícios abdominais hipopressivos precisam de uma progressão apropriada, tendo em conta vários fatores implicados e uma formação intensiva em neurofisiologia para poderem ser ensinados com efetividade e seguridade. Um exemplo disso é a fotografia a seguir, que mostra como se pode alcançar uma excelente hipopressão abdominal.

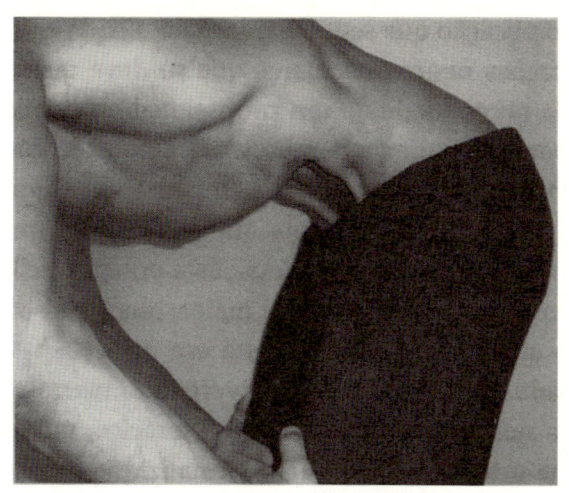

Hipopressão abdominal.

As sensações alcançadas com os exercícios abdominais hipopressivos vão incrementando-se com a prática e se transferem quase automaticamente à vida cotidiana, proporcionando uma melhora postural e uma tomada de consciência corporal que facilita a permanência em determinadas posições ou a realização de movimentos.

Um exercício que mostra com clareza as vantagens dos exercícios abdominais hipopressivos é o da fotografia abaixo, em posição de quadrupedia.

hipopressivos em posição de quadrúpedia

A explicação que segue é muito detalhada e com todas as implicações neuromusculares que se deve ter em conta, motivo da necessidade de um profissional especializado em ginástica abdominal hipopressiva ou exercício abdominal hipopressivo para assegurar a correta técnica de execução. (aconselho buscar uma certificação nessa técnica, devido a sua complexidade).

A pessoa coloca-se em quadrupedia, com uma ligeira anteposição do corpo de forma que se faz recair mais peso sobre as mãos que sobre os joelhos. Esta posição facilita realizar uma contração do M. serratil maior, que a pessoa deve ir tentando aumentar enquanto está em apneia expiratória. Então produz um fenômeno de divergência neurológica que provoca o relaxamento do diafragma torácico, uma ativação do sistema ortossimpático, uma normalização dos músculos antigravitatórios e uma contração reflexa do assoalho pélvico e da faixa abdominal. Nas primeiras sessões, alcança-se o relaxamento do diafragma torácico e a ativação do sistema ortossimpático.

Uma das vantagens desta técnica constatada cientificamente é que quando a pessoa se coloca em quadrupedia, se pode comprovar que a pressão abdominal diminui de 20mmhg a 30mmhg, de mercúrio, simplesmente pela posição. Com a contração do M. serratil maior e a anteposição do corpo a pressão diminui até 50mmhg, enquanto em todos os exercícios abdominais clássicos os aumentos de pressão são perigosamente altos e as consequências deles são graves, especialmente para as mulheres com problemas no assoalho pélvico.

Principio técnico dos exercícios abdominais hipopressivos

Respiração diafragmática é formada por três movimentos em sequência sem intervalo: contração dos músculos abdominais, contração da musculatura do assoalho pélvico e contração dos músculos intercostais e peitorais, provocando de imediato uma queda da pressão intra-abdominal e intra-torácica e uma modificação do esquema corporal.

⋔ Contração dos abdominais: deve-se inspirar profundamente, expirar lentamente todo o ar e então segurar a respiração enquanto se contrai os músculos abdominais com força, encolhendo a barriga (Retraindo o abdome), empurrando o umbigo para dentro como se faz para tentar fechar o zíper de uma calça apertada, por exemplo;

⋔ Contração da musculatura do assoalho pélvico: mantendo a barriga encolhida, a musculatura do assoalho pélvico deve ser contraída com toda a força e sustentada (sem soltar);

⋔ Contração dos intercostais e peitorais: ainda com a barriga encolhida (retraida) e a musculatura do assoalho pélvico contraída, deve-se estufar o peito, afastando as costelas e abrindo os ombros (sem mexer os braços ou os ombros).

⋔ Como deve ser praticado: deve realizar essa sequencia de seis exercícios, no mínimo duas vezes por semana. Comece com uma serie e depois vai aumentando até chegar a cinco séries de 10 a 20 segundos (refere-se ao tempo que fica na posição), para obter os resultados desejados. Um detalhe importante faça em series múltiplas, ou seja, faça de uma a cinco series o mesmo exercício e depois mude para o outro.

⋔ Duração da sessão: a duração da sessão e de 15 a 30 minutos e varia de pessoa para pessoa.

Exercicio 1 - Hipopressivo de pé

Pés paralelo, ligeira flexão do tornozelo, joelho e quadril, como na foto. Eixo de gravidade inclinado ligeiramente para a frente. Palmas das mãos voltadas para frente, dedos indicadores de ambas as mãos perto, sem se tocar, cotovelos alinhados com as mãos e ombros. fazer esforço para separar os cotovelos (decoaptar ombros). Apnéia expiratória e abrir mais as costelas e retrair o abdome.

Exercicio 2 - Hipopressivo com flexão de tronco

Pés paralelo, ligeira flexão do tornozelo, joelho e quadril, como mostrado na foto. Flexão do tronco a frente com apoio das mãos sobre o joelho . Fazer esforço para separar os cotovelos (decoaptar ombros). Apnéia expiratória e abrir mais as costelas e e retrair o abdome.

Este exercício torna mais fácil sentir o reflexo da cinta abdominal, como você pode ver na contração que é alcançada em pilares do oblíquo. A pessoa também vai notar a contração reflexa do períneo

Exercicio 3 - Hipopressivo de joelho

De joelhos, como mostrado na foto. A linha do corpo inclinando-se ligeiramente para a frente.

Palmas das mãos voltadas para frente, dedos indicadores de ambas as mãos perto, sem ser tocado, cotovelos alinhados

com as mãos e ombros. Fazer esforço para separar os cotovelos (decoaptar ombros). Apnéia expiratória e abrir mais as costelas e retrair o abdome.

Exercicio 4 - Hipopressivo em quadrupedia

Em quadrupedia, apoiando a ponta dos dedos dos pés ,os joelhos e as mãos no solo. (como mostrado na foto). Uma grande parte do peso do corpo devera estar apoiado nas mãos, cotovelos ligeiramente flexionados. Fazer esforço para separar os cotovelos (decoaptar ombros). Este exercício facilita abertura das costelas.

Ao mesmo tempo que a cinta abdominal diminui de forma reflexa.

Exercicio 5 e 6 - Hipopressivo sentando com a perna fllexionada ou com a perna estendida

Sentado com as pernas flexionadas ou ligeiramente estendidas, como mostrado nas fotos. Se a verticalidade da coluna não pode ser mantida, ele deve ser colocado de costas contra uma parede e uma pequena almofada sob as nádegas. Quando você dominar, a mesma espessura pode ser reduzida. Palmas das mãos voltadas para frente, dedos indicadores de ambas as mãos perto, sem ser tocado, cotovelos alinhados com as mãos e ombros. Fazer esforço para separar os cotovelos (decoaptar ombros). Apnéia expiratória, abrir mais as costelas e retrair o abdome.

Exercícios abdominais, respostas rápidas para eliminar a gordura da cintura?

A gordura corporal divide-se de uma forma concreta por nosso corpo. Nas mulheres, acumula-se na região das coxas e quadril (chamado de padrão ginóide ou periferica). Nos homens, acumula-se na região do abdome (chamado de padrão androide ou central). Daí que muitas das pessoas que fazem esta pergunta são homens.

A gordura diminui e aumenta em todo corpo em função do balanço que resulta entre o que comemos e o que gastamos. Os exercícios abdominais não reduzem a gordura em torno da cintura. (por varias décadas, os exercícios abdominais estão associados incorretamente ao processo de emagrecimento, e ate hoje existem muitas confusões e interpretações sobre esse assunto). Um triste exemplo disso são os habitantes de países pobres que não possuem uma dieta alimentar adequada e sem realizar nenhum tipo de exercício abdominal possuem a musculatura abdominal muito visível. Do outro lado da balança estão os países onde há alimentos em excesso, nesse caso podemos encontrar obesidades extremas.

Cuidar da alimentação, procurar que gra-

Exemplo de um exercício aeróbio dinâmico com um eletroestimulador.

dualmente se assegure um equilíbrio natural, escolher os alimentos mais saudáveis e combiná-los adequadamente é uma forma sensata de alcançar os progressos na redução da gordura. É conveniente recordar que as mudanças sempre são lentas, ninguém deita um dia e no dia seguinte acorda com vários quilos a mais de gordura. O processo inverso necessita também de tempo. Ver capítulo de alimentação e nutrição.

Uma recente investigação da Universidade do Porto (Garganta et al., 2004) demonstrou que as pessoas que treinavam na bicicleta estática, a 75% da frequência cardíaca máxima, e usavam um eletroestimulador no abdome, com um programa de capilarização com 8 Hz de intensidade média, conseguiam reduzir o perímetro da cintura em 3 cm e a prega cutânea da crista ilíaca em torno de 7 mm. As pessoas que não utilizaram eletroestimulação e fizeram somente exercício com bicicleta estática não obtiveram resultados estatisticamente significativos. É uma forma interessante de combinar diferentes formas de treinamento, mas é necessário mais estudos para que se confirmem estes resultados, afinal não utilizaram uma dieta em nenhum dos grupos, apenas os exercícios.

Como eliminar a barriga?

O abdome saliente é devido a uma falta de tônus muscular dos músculos que fazem a faixa natural em nosso corpo, basicamente o músculo transverso do abdome. Esta atuação de fato nos dá um indício importante para escolher os exercícios a realizar. O M. transverso do abdome é um músculo que intervem muito pouco nos movimentos, como por exemplo: andar, correr, nadar. Tem função de manter os órgãos internos, os sustenta como se fosse uma faixa, é um músculo que "trabalha", ou deveria fazê-lo, mantendo a postura correta (sem que sobressaia a barriga).

Os exercícios a realizar para reduzir a cintura devem cumprir com a necessidade de encurtar e proporcionar mais tônus ao transverso do abdome. Para isso, podemos realizar os exercícios abdominais hipopressivos que mostram sua eficácia, neste sentido o simples encolher da barriga e mantê-la assim durante um certo tempo ao dia. Convém recordar que a respiração mais natural é a abdominal e com este ato a bloqueamos, porque não podemos manter a contração de forma exagerada durante muito tempo.

Para manter o abdome em contração, podemos amarrar na cintura uma corda um ou dois centímetros mais curta na qual se mede a cintura em repouso estando em pé. Para evitar deixar a marca da corda ao redor da cintura, teremos que manter um pouco o abdome contraído, nesse caso o músculo transverso do abdome estará atuando.

Exercício para contração do M. transverso do abdome.

Criar exercícios que mantenham o abdome contraído é simples e eles poderão ser realizados em decúbito dorsal, decúbito ventral ou, simplesmente, encolhendo-se o abdome. Convém retrair a zona do abdome sobre a qual se quer incidir mais, a parte que está por cima do umbigo ou subumbilical.

Fazer os exercícios mais complexos significará reduzir a superfície de contato com o solo. Em quadrupedia, procurando manter as curvas normais da coluna se incide em reduzir a cintura e manter a postura. Estender e elevar uma perna mantendo a posição aumentará a dificuldade.

Mais adiante, estender o braço contrário em prolongação da linha do tronco, mais dificuldade supõe estender ambas as pernas mantendo unicamente em contato com as mãos e os pés no solo. Este último exercício é difícil de ser realizado com uma postura correta, por isso reserva-se para pessoas em excelente forma e conhecimento corporal.

Para recuperar pouco a pouco a cintura desejada, é preciso dar tônus ao M. transverso do abdome e ter em conta também os músculos oblíquos. Tonificar os músculos oblíquos e procurar que façam o efeito de sutiã dos "michelin" se pode alcançar, de uma maneira muito efetiva, com exercícios sem movimento.

É preciso colocar-se de lado apoiado numa mão, antebraço, cotovelo e com os joelhos flexionados e alinhar todo o corpo, obrigando-se a contrair ao máximo o abdome. Convém alinhar o cotovelo de apoio com o ombro, o que melhorará também a postura de nossas costas. Se o indivíduo dispõe de um bastão, coloque-o entre os dois joelhos ou segurar com a mão para comprovar o alinhamento do corpo. O bastão deve passar por cima do nariz, do queixo, do esterno e do umbigo.

Para aumentar a dificuldade do exercício e alcançar que intervenham mais grupos musculares, convém separar os pontos de apoio com o que se pode realizar o exercício apoiado com a mão, antebraço, cotovelo e pé do mesmo lado. É um exercício para pessoas com excelente forma física. Apoiando mão, antebraço e cotovelo em uma cadeira diminui-se a dificuldade e sua execução é facilitada.

Todos os exercícios que mantenham o abdome contraído ao máximo, ao serem realizados por mulheres, deve-se ter em consideração o momento do ciclo menstrual em que se encontram. Durante a ovulação, os ovários estão sensibilizados e não convém forçar a contração.

Espero que os leitores, após lerem este livro, possam mudar alguns hábitos de vida e desse modo conseguir os benefícios destes exercícios para a saúde e, consequentemente, uma musculatura abdominal vigorosa, efetiva e duradoura. Também sugiro mesclar exercícios abdominais tradicionais (olhar os capítulos que tratam desse assunto nesse livro) com exercícios abdominais hipopressivos (colocados nesse capitulo), pois acredito que dessa forma, podemos lograr resultados ainda melhores.

Exemplo de exercício de contração isométrica com o auxílio de um eletroestimulador.

Referências bibliográficas

AMOSTEGUI, J. M. **Archivos de Medicina del Deporte**. Volumen XVI, nº 74, p. 644, 1999.

ARCHIVOS DE MEDICINA DEL DEPORTE, p. 471, v.18, nº 85, 2001.

BERGMARK, A. **Stability of the lumbar spine. A Study in mechanical engineering**. Acta Orthopaedica Scandinavica Spplementum 230 (60), 1989.

BOMPA, T. O. **Periodización de la Fuerza, La nueva onda en el entrenamiento de la fuerza**. Biosistem Servicio Educativo, Argentina, 1995.

BO, K.; TALSETH, T.; HOLME, I. **Single blind, randomised controlled trial of pelvic floor exercises, electrical stimulation, vaginal cones, and treatment in management of genuine stress incontinence in women**. *British Medical Journal*, 318, pp. 487-493, 1999.

BURGIO, K. 1990.

CALAIS-GERMAIN, B. **El periné femenino y el parto**. Barcelona: Ed. Los libros de la liebre de marzo, 1998.

CALAIS-GERMAIN, B. **Anatomia para el movimiento**. Barcelona: Ed. Los libros de la liebre de marzo, 1996.

CAUFRIEZ, M. **Gymnastique abdominale hypopressive**. Bruxelles: Editado por M. Caufriez, 1997.

COMETTI, G. **Los métodos modernos de musculación**. Barcelona: Ed. Paidotribo, 1989.

DUMONT M. L. **Activité physique et sportive dans le post-partum**. J. Méd Lyon, 1997.

GARGANTA, R.; CHAVES, C.; MAIA, J.; SEABRA, A. **Efectos do treino cardiovascular com e sem electroestimulação na deplecção de gordura na região abdominal**. 10º Congresso de Ciências do Desporto e de Educação Física dos países de Língua Portuguesa, Poster, Porto, 2004.

GILL, K. P.; CALLAGHAN, M. J. **The measurement of lumbar propioception in individuals with and without low-back-pain**. Spine 3, pp. 371-377, 1998.

GONZALEZ BADILLO y GOROSTIAGA. **Fundamentos del entrenamiento de la fuerza. Aplicación al alto rendimiento deportivo**. Barcelona: Ed. INDE, 1995.

GROSSE, D.; SENGLER, J. **Reeducación del periné. Fisioterapia en las incontinencias urinarias**. Barcelona: Masson, 2001.

GUILLARME, L. **La kinesiterapia práctica**. 1ª Jornada Científica sobre reeducación perineo-esfinteriana, Barcelona, 1998.

HODGES, P. W. **Is there a role for transversus abdominis in lumbo-pelvic stability**. Rev. *Manual therapy*, 4(2), pp. 74-86, 1999.

HOFLER, H. **Schwangerschaft bewu1 t erleben. Gymnastik fur Kõrper and Seele**. Illustriert. Humboldt Verlag Januar, 2001.

ISIDRO, F.; HEREDIA, J. R.; PINSACH, J. A.; COSTA, M. R. **Manual del Entrenador Personal. Del Fitness al Wellness**. Barcelona: Ed. Paidotribo, 2007.

JAUREGUI, P. **Salud**. *El Mundo*, Espanha, nº 290, v. 23, 1998.

JUKER, D.; McGILL, S.; KROPF, P.; STEFFEN, T. **Quantitave intramuscular myoelectric activity of lumbar portions of psoas and the abdominal wall during a wide variety of tasks**. Med. Sci. Sports Exerc. v. 30, nº 2, pp. 301-310, 1998.

JULL, G.; RICHARDSON, C. *et al*. **Towars a measurement of active muscle control for lumbar stabilisation**. *Australian Journal of Physiotherapy*, 39 (3), 1993.

KADOSH, C.; IMAGUIRE, C. **Pompoarismo o caminho do prazer**. Curitiba: Editora Eden, 2005.

KENDALL, F. P.; KENDALL, E. **Músculos, pruebas y funciones**. Espanha: Ed. Jims, 1985.

MANGANO, M. **Ejercicios abdominales**. Barcelona: Ed. Hispano Europea, 1996.

SABOTA, J.; BECHER, H. **Atlas de anatomia humana**. Rio de Janeiro: Guanabara Koogan, 1977.

SARTI, M.; PANEGO, M.; MÍGUENZ, M. C.; BELLVER, L. A. **Anatomia funcional del músculo rectus abdominis**. Estudio electromiográfico. Arch. Esp. Morfol. 1, pp. 143-149, 1996.

SHAW, G. B. **Ironias y verdades**. Ed. Errepar, 2003.

SNIJDERS C. J.; HIDES J. A. **The relation between the transversus abdominis muscles, sacroiliac joint mechanics, and low back pain**. *Spine*, v. 27, nº 4, pp. 399-405, 2002.

SOCIEDAD ESPANOLA DE GINECOLOGÍA Y OBSTETRICIA. 1999.

SOUCHARD, PH. E. **De la perfección muscular a los resultados deportivos**. Espanha: Ed. Paidotribo, 1992.

TALLADA, B. M. **Rentabilidad del I-PSS y la flujometría aplicados de forma combinada para diagnosticar la obstrucción infravesical secundaria a HPB**. Ed Siglo, 1999.

VALANCOGNE, G.; GALAUP, J. P. **Prolapsos y reeducación**. Paris, 1996.

VALANCOGNE, G ; GALAUP, J. P. **Rééducation périnéologique et pressions dans l'enceinte manométrique abdominale**. *In:* Societé Internationale Francophone d'Urodynamique, Société Internationale Francophone de Chirurgie Pelvienne, Société Nationale de Colo-Proctologie, editeurs. Lyon, 30 mars 2001. Paris: SIFU, SIFCP, SNC: 2001.

VAN LYSEBETH, A. **Tantra**. Fribourg: Ed. Flammarion, 1992.

VERCHOSHANSKIJ, Yurij. **Entrenamiento deportivo: planificación y programación**. Barcelona DL: Ed. Martinez Roca, 1990.

Referências bibliográficas eletrônicas

www.mifarmacia.es/contenido/articulos/articulo_b_suelo_pelvico.htm

www.gine3.org.es

www.mtas.es/Insht/XIIcongreso/posters/PWolderALG.pdf

www.url.edu/es/ip/centro/blanquerna/asignaturas/FisioterapiaTrauma-tologiaFIS0506ESP.pdf

www.solomasters.com/master{'fisioterapia_en_pelviperineologia-master132322833.htm

www.ncbi.nlm.nih.gov/entrez/query.fcgi?cmd=Retrieve&db=PubMed&list_uids= 8248694&dopt=Abstract

www.profesional.medicinaty.com/reportajes/espe.asp?idesp=39

www.incontinet.com/ahcprbio.doc

www.chestjournal.org/cgi/reprint/114/1/24S.pdf?ck=nck

GLOSSÁRIO

Ácido láctico – um subproduto da contração muscular, pela decomposição de glicose ou glicogênio, especialmente em condições anaeróbias. Enquanto não é transportado para o fígado, onde é decomposto, causa dor e enrijecimento dos músculos.

Aclimatização ou aclimação – processo de se acostumar a um novo clima ou condição ambiental.

Agilidade – capacidade de partes do corpo, ou do corpo todo, para rapidamente mudarem de posição ou direção, ou ambos, de uma maneira predeterminada ou precisa.

Agonista – o músculo diretamente empenhado na contração, distinguindo-se daqueles que relaxam num dado movimento.

Análogo(a) – algo que se parece com outra coisa.

Anatomia – ciência que estuda minuciosamente a estrutura dos corpos organizados.

Anemia – condição na qual há uma redução no número de hemácias (glóbulos vermelhos do sangue) circulando, resultando em limitado transporte de oxigênio.

Antagonista – que se opõe à ação de um músculo, seja para regular a rapidez ou a potência de ação.

Arritmia – qualquer distúrbio no ritmo normal do batimento cardíaco.

Articular – pertencente a uma articulação.

Articulação – ponto de encontro de dois ou mais ossos cercados por um revestimento protetor e conectados por ligamentos.

Artrite – inflamação de uma articulação devido a uma lesão, infecção ou outras doenças.

Atrofia muscular – definhamento de músculos como resultado de imobilização, inatividade, perda de função nervosa ou desordem nutricional.

Atrofia ou hipotrofia – decréscimo em tamanho ou função de uma parte ou de partes do corpo.

Aponeurose – possui forma laminar, é esbranquiçada e brilhante. Fica situado nas extremidades de um músculo esquelético (prende o músculo ao esqueleto ou cartilagem).

Antropométrico – refere-se às dimensões e pesos dos segmentos corporais.

Aquecimento – é a preparação do organismo para o esforço a que submeterá a seguir.

Apetitoso – que desperta o apetite, vontade de comer, saboroso.

Base de apoio – refere-se a uma área compreendida dentro dos limites da região de contato entre um corpo e a superfície de apoio.

Biomecânica – é a aplicação dos princípios mecânicos no estudo de organismos vivos.

Biometria – parte da ciência que estuda a mensuração dos seres vivos.

Caloria – unidade de energia necessária para aumentar a temperatura de um grama de água em um grau centígrado.

Capacidade aeróbia – um potencial ou capacidade de fazer trabalho físico na presença de oxigênio.

Cardiorrespiratório – referente ao coração, aos pulmões e à circulação sanguínea.

Cartilagem – tecido resistente e elástico que cobre e protege as extremidades dos ossos dentro das articulações.

Cinesiologia – ciência que estuda o movimento do corpo humano.

Cifose – é uma curvatura voltada para frente (côncava) na região torácica da coluna vertebral.

Cinética – é o estudo das forças que causam ou que resultam do movimento.

Circulação sanguínea – é a movimentação do sangue no organismo causada pelo trabalho rítmico do coração.

Colesterol – substâncias gordurosas essenciais para a vida e encontradas em certos alimentos. Altos níveis de colesterol no sangue aumentam o risco de doenças cardíacas.

Condicionamento físico – forma física que permite ao indivíduo executar com facilidade as atividades diárias.

Contração muscular isocinética – contração de um músculo de uma maneira tal que a(s) articulação(ões) se move(m) numa velocidade constante. Iso = mesmo e cinético = movimento.

Contração muscular isométrica – contração de um músculo que não é acompanhada da redução da extensão do músculo ou movimento da articulação que normalmente se movimentaria pela ação do músculo. Iso = mesmo e métrico = extensão.

Contração muscular isotônica – contração muscular de maneira tal que o tônus ou força no músculo é o mesmo o tempo todo. Iso = mesmo e tônico = tônus ou força.

Contraindicação – tratamento ou medicação que não deve ser realizado(a)/ministrado(a).

Contratura – ato ou efeito de contrair, contração muscular persistente acompanhada de rigidez.

Curvaturas primárias da coluna – as curvas torácica e sacra que estão presentes no nascimento.

Curvaturas secundárias da coluna – as curvaturas cervical e lombar, que não se desenvolvem até que o peso do corpo seja suportado nas posições sentado ou em pé.

Desidratação – perda excessiva de fluidos do corpo, especialmente água, frequentemente resultando também em perda de eletrólitos e redução do desempenho.

Diafragma – músculo maior da respiração e que separa o tórax do abdome.

Diástase – deslocação ou disjunção de dois ossos articulados.

Diabetes mellitus – doença caracterizada pela ausência do hormônio insulina, que não permite ao organismo usar a energia dos carboidratos.

Digestão – processo de decompor os alimentos em seus componentes químicos básicos e que podem ser absorvidos pelo intestino.

Distal – localização numa extremidade mais próxima de uma extremidade livre ou localização no tronco mais distante da linha mediana ou do ponto de referência.

Dor – sofrimento físico ou moral produzido por lesão ou por qualquer estado anormal do organismo.

Drenagem linfática – massagem que ativa a circulação linfática, ajudando o organismo a eliminar as toxinas. Pode ser feita manualmente ou por aparelhos.

Edema – inchaço como resultado de uma coleção de fluidos nos tecidos depois de uma lesão.

Eletrocardiograma (EGC) – registro da atividade elétrica do músculo cardíaco.

Eletromiograma (EMG) – registro da atividade elétrica dos músculos esqueletais (aparelho que transforma energia elétrica em energia mecânica).

Eletrolipoforese – é um tratamento estético que ativa a circulação e facilita a drenagem de toxinas, são usadas agulhas de 15 centímetros ligadas a um aparelho que emite corrente elétrica. Elas são colocadas diretamente em pontos onde a gordura se concentra.

Espasmo – contração súbita e involuntária de um grupo de músculos.

Esqueleto – estrutura que suporta o corpo humano, composto de cerca de 206 ossos.

Escoliose – é uma curvatura lateral da coluna.

Equilíbrio – é a habilidade de controle antigravitário.

Estático – não em movimento, não dinâmico.

Estender – oposto de flexionar.

Estresse – tensão emocional ou mental que interfere no bem-estar do indivíduo, causando danos à sua saúde.

Estabilidade articular – é a capacidade de uma articulação resistir a deslocamentos anormais dos ossos.

Estética – ciência que trata das leis gerais do belo.

Fáscia muscular – é uma lâmina de tecido conjuntivo que envolve cada músculo. A espessura da fáscia muscular varia de músculo para músculo dependendo da função.

Fadiga – incapacidade de manter uma dada força ou poder, devido à fraqueza, aptidão pobre ou uma combinação de vários fatores.

Fisiologia – ciência que trata das funções e ações dos órgãos nos seres vivos.

Flexão – arqueamento de uma articulação; oposto à extensão.

Flexibilidade – grau no qual uma articulação pode se movimentar através de seu âmbito máximo possível e normal de movimento; um termo qualitativo usado para representar os graus de movimento apresentados por uma articulação em diversas direções.

Força muscular – tensão máxima que um músculo ou grupo de músculos pode aplicar numa contração isolada.

Fisioterapia – tratamentos físicos utilizados para prevenir ou reduzir o enrijecimento das articulações e restaurar a força dos músculos.

Frequência cardíaca – número de contrações do coração por minuto, normalmente expresso em batimentos por minuto (bpm).

Glicogênio – a principal forma de reserva de açúcar no corpo, basicamente nos músculos e no fígado. É decomposto em glicose para atender à necessidade de energia do corpo.

Glicose – principal fonte de energia para a maioria dos organismos vivos.

Gordura – tecido adiposo que forma almofadas macias no corpo e propicia reserva de energia.

Gordura corporal – refere-se à gordura no corpo, com frequência expressa como uma porcentagem do peso corporal total.

Hemoglobina – pigmento de ferro da célula vermelha sanguínea, responsável pelo transporte da maior parte do oxigênio.

Hérnia – deslocamento parcial ou total de um órgão através de orifício patológico ou tornado patológico.

Hiperextensão – extensão excessiva de uma articulação ou parte do corpo.

Hiperflexão – flexão excessiva ou arqueamento excessivo de uma articulação ou parte do corpo.

Hiperglicemia – taxa elevada de açúcar no sangue.

Hipertensão – pressão sanguínea alta.

Hipertonia – tônus muscular excessivo.

Hipertrofia – aumento de tamanho e volume.

Hipoglicemia – taxa baixa de açúcar no sangue.

Hipotonia – tônus muscular insuficiente.

Inflamação – reação do corpo a qualquer lesão, agressão, infecção ou outras doenças.

Inclinação – refere-se a um esforço assimétrico que produz tensão em lado do eixo longitudinal de um corpo e compressão no lado oposto.

Intramuscular – dentro do músculo.

Inserção – é a extremidade do músculo presa à peça óssea que se desloca (ponto móvel).

Ligamento – feixe de tecido fibroso que conecta osso a osso ou osso a cartilagem e apoia e fortalece as articulações.

Linha alba – feixe tendinoso com aproximadamente 2 cm de largura que separa o reto abdominal direito do esquerdo.

Lordose – é uma curvatura voltada para trás, que pode ser ou não excessiva na região lombar da coluna.

Metabolismo – série de processos químicos que extraem dos alimentos a energia necessária para a vida.

Mesoterapia – são aplicações de injeções contendo substâncias que ajudam a queimar gorduras e ativar a circulação.

Mobilidade articular – é um termo que indica o grau relativo de movimento permitido em uma articulação.

Músculo – feixe de células especializadas que se contraem e se distendem, formando o movimento. Existem três tipos de músculos: estriado, liso e cardíaco.

Resistência muscular localizada – é a capacidade de um músculo ou de um grupo de músculos para se contrair, de maneira razoavelmente contínua ou repetida, durante um certo tempo, enquanto trabalha contra uma carga moderada ou um pouco abaixo da máxima.

Saúde – é um estado – o completo bem-estar físico, mental e emocional.

Sedentário – pessoa que não possui o hábito de praticar nenhuma atividade física a fim de obter um nível de condicionamento físico.

Septo intermuscular – é quando a fáscia muscular apresenta-se espessada e dela partem prolongamentos que vão terminar se fixando no osso.

Síncope – desmaio.

Sinergista – Músculo que participa com outros da execução de um movimento, ou seja, que facilitam a ação do agonista contraindo-se da mesma forma e no mesmo momento do agonista.

Sintomas – aquilo que uma pessoa sente ou de que se queixa.

Sobrecarga progressiva – aumento gradual do estímulo de treinamento de maneira sistemática.

Suplemento – substância acrescentada para remediar uma deficiência.

Taxa de metabolismo basal (TMB) – taxa de atividade dos tecidos do corpo em repouso, medida em condições controladas de temperatura, ingestão de alimento e ajustada por área de superfície corporal, idade e sexo.

Tendões – cordões de tecidos fibrosos semelhantes a cordas que ligam os músculos esqueletais aos ossos.

Tendinite – inflamação dos tendões. Geralmente provocada por um esforço excessivo do músculo. Seus sintomas são dores e inchaço.

Tempo – número expresso em minutos ou segundos do tempo cronológico a ser utilizado como medida durante o treinamento, teste etc.

Tônus muscular – refere-se a uma firmeza dos músculos causada por intensidade de contração mesmo em estado do relaxamento.

Trauma – lesão.

Transpiração – é o primeiro indício do aquecimento; suor.

Treinar – educar ou disciplinar, submeter-se a exercício ou a preparo físico sistemáticos.

Vascular – referente aos vasos sanguíneos, artérias, capilares e veias.

Velocidade – é uma alteração na posição em relação ao tempo.

Vértebras – é composta por 33 ossos da coluna vertebral sendo 7 cervicais, 12 torácicas, 5 lombares, 5 sacrais fundidas e 4 coccígeas.

V0$_2$ máximo – quantidade máxima de oxigênio consumida durante uma atividade física máxima.

Ventre muscular – é a parte carnosa, vermelha da pessoa. Nela predominam as fibras musculares, portanto é a parte ativa ou contrátil do músculo.

Umbilical – do umbigo ou relativo a ele.